Miceal Mvaile
Limone 2006

La Chanson de Roland

Introduction, traduction,
et notes de Pierre Jonin

Gallimard

INTRODUCTION

À Nagoya F...

Cette présentation de La Chanson de Roland *n'a aucune prétention érudite et n'est pas destinée à enrichir encore les connaissances des spécialistes. Son but est infiniment plus modeste. Je me propose simplement d'abord de rappeler quelques données nécessaires à la compréhension de la première épopée française et ensuite de préparer les lecteurs à mieux goûter un texte dont chacun d'eux pourra faire une lecture personnelle, s'attachant à l'ensemble du récit ou s'arrêtant davantage à telle ou telle circonstance particulière, en jugeant les personnages de l'œuvre selon sa formation ou ses goûts. Mon rôle se borne à lui offrir des jalons, des points de repère sur une ou parfois plusieurs voies. La richesse d'une œuvre, nous le savons tous, tient surtout à la pluralité des interprétations qu'elle suggère. Ainsi la plupart des principaux personnages du* Roland *se prêtent-ils à des appréciations plus nuancées qu'il n'apparaît à première vue. Bien rares, je parle des protagonistes, sont ceux qu'on peut comprendre et expliquer par une seule épithète qui les définisse et les délimite parfaitement.*

L'apport de l'histoire

Quoi qu'il en soit, La Chanson de Roland *se présente comme le plus ancien de nos grands récits épiques ou si l'on veut comme notre première chanson de geste, celle qui a d'abord mérité qu'on relève les exploits (gesta : les choses faites, donc dignes d'être racontées) de ses héros. Ces exploits ont une base historique assez mince. En 778, au printemps, Charlemagne entreprend une expédition militaire en Espagne pour venir en aide à un chef musulman qui s'était révolté contre l'émir de Cordoue. Deux armées traversent donc les Pyrénées, dont l'une, commandée par Charlemagne, s'empare de Pampelune, mais est tenue en échec devant Saragosse. À ce moment, apprenant une révolte des Saxons, son chef regagne la France en toute hâte, et, au passage des Pyrénées, son arrière-garde est massacrée le 15 août 778 par des montagnards chrétiens, basques ou gascons. Parmi les disparus de marque, la* Vita Caroli *d'Eginhard (830) signale Roland, duc de la marche de Bretagne. L'expédition n'avait duré que quelques mois.*

Analyse de *La Chanson de Roland*

Canevas bien étroit que la légende va transformer en une immense fresque. Cette légende dans sa version la plus ancienne nous est transmise par le manuscrit d'Oxford de la bibliothèque Bodléienne (dernier quart du XIIᵉ siècle). Il reproduit un texte écrit en anglo-normand et après 1080, peut-être même aux environs de 1100, lorsque se prêchait la première croisade, comme le ferait croire l'idée directrice du récit qui en fait une campagne contre les Sarrasins impies. C'est précisément à la suite de cette longue campagne de sept ans que le vieil empereur chargé de victoires et d'années (il en a plus de deux cents) ne trouve plus devant lui qu'un seul adversaire : le roi de Saragosse, Marsile. Ce dernier, isolé, et craignant la défaite, envoie à Charlemagne des ambassadeurs conduits par Blancandrin. Ils promettent à l'empereur de se convertir et de devenir ses sujets : ils lui laisseront des otages et chaque année renouvelleront l'envoi de richesses en quantité. Les seigneurs français réunis en conseil sont partagés entre partisans de la guerre à outrance et partisans de la négociation. Ganelon fait accepter la seconde, malgré la violente opposition du neveu de Charlemagne, Roland. Ce dernier en revanche propose Ganelon, son beau-père (son « parâtre »), pour la fonction périlleuse d'ambassadeur auprès de Marsile. Furieux, car il est conscient du danger, Ganelon accepte, mais jure de se venger de Roland. En cours de route, en compagnie de Blancandrin, il se laisse gagner à l'idée de la trahison. À son retour, suivi des otages païens, il fait accepter à la cour de Charlemagne le plan concerté avec Marsile : les Français regagneront leur pays, l'empereur en tête, et l'arrière-garde sera confiée à Roland qui aura avec lui les douze pairs et vingt mille hommes. Quand Charlemagne sera loin, Marsile lancera à deux reprises ses forces contre Roland au passage des défilés de Roncevaux. Le plan va s'exécuter lorsque Olivier, le meilleur ami et le frère d'armes de Roland, découvre, en montant sur un tertre, la masse de l'armée païenne qui s'avance contre eux. Il comprend la trahison et conjure Roland de sonner du cor pour appeler Charlemagne au secours. Il est encore temps de sauver l'arrière-garde. Mais Olivier malgré ses appels répétés se heurte au refus tenace de l'orgueilleux Roland qui se flatte de triompher des Sarrasins avec ses seules forces. Les premiers engagements tournent à l'avantage des Français. Mais ensuite, réduits à une poignée d'hommes, ils ne peuvent résister à un second assaut massif et Roland se résigne à sonner du cor contre l'avis d'Olivier car il est bien trop tard pour qu'un secours lui parvienne. Les derniers Français font des prouesses et Roland tranche la main droite du roi Marsile qui s'enfuit, accablé de douleur et de honte. Au loin retentissent les clairons de l'empereur et tous les païens prennent la fuite, pris de panique. Déjà Olivier est mort. L'archevêque Turpin blessé parvient pourtant à bénir les corps des douze pairs que Roland a réussi à réunir devant lui. Turpin et Roland restent donc maîtres du champ de bataille, mais l'archevêque ne tarde pas à succomber à son tour. Quant à Roland, après avoir en vain tenté de briser son épée Durendal, il meurt le dernier après une double prière et deux saints viennent recueillir son âme qu'ils emportent au Paradis.

Pendant ce temps Dieu a arrêté le cours du soleil pour que Charlemagne puisse poursuivre et rejoindre les païens. Effectivement il met en pièces les fuyards à moins qu'il ne les bouscule dans l'Èbre où ils se noient. Réfugié sanglant dans Saragosse, Marsile renouvelle ses appels à Baligant, l'émir de Babylone, qui arrive bientôt à la tête d'une flotte puissante, porteuse de troupes innombrables. À peine l'empereur a-t-il rendu aux siens les derniers honneurs que surgit l'avant-garde de Baligant. De part et d'autre, on organise les compagnies avant la bataille et c'est le formidable affrontement des deux armées. Il se termine par la mort de Baligant car Dieu a secouru de justesse Charlemagne en mauvaise posture dans le duel qui l'opposait à l'émir. Charlemagne revient donc vainqueur après avoir pris Saragosse où Marsile est mort. La veuve de Marsile, la reine Bramimonde, est emmenée captive. De retour en France, l'empereur doit apprendre à Aude, sœur d'Olivier, la mort de son fiancé Roland. Sous le coup de la douleur et de l'émotion, elle meurt.

Il reste à régler le sort de Ganelon dont on prépare le procès. Les seigneurs, réunis en conseil, vont se prononcer pour l'acquittement lorsque Thierry déclare qu'il s'y oppose. Un duel judiciaire met donc aux prises d'une part le robuste Pinabel, parent et défenseur du traître, et d'autre part le champion de Charlemagne : le jeune et grêle Thierry. Celui-ci est vainqueur, grâce à Dieu, et c'est la fin de Ganelon attaché à quatre chevaux et écartelé. Mais la Chanson ne se termine pas sur ce spectacle. Bramimonde, qui a eu tout le temps d'être nourrie de sermons et de contes pieux, se convertit. Avec cette conversion on croirait la paix retrouvée, mais une nuit saint Gabriel vient appeler Charlemagne pour d'autres conquêtes et d'autres épreuves. C'est donc sur de nouvelles perspectives guerrières que s'achève le récit, signé de Turold.

Les origines de la Chanson : les théories

On voit ainsi la prodigieuse transformation de l'histoire par la légende. Quelques lignes d'un énoncé très mince ont donné lieu à une longue et magnifique narration épique. Comment cela a-t-il été possible ? Les réponses sont diverses et aboutissent à des théories différentes que je condenserai fortement.

À la fin du XIXᵉ siècle, Léon Gautier et Gaston Paris voient dans les épopées le remaniement collectif de « cantilènes », poèmes lyriques, puis épiques, premiers échos contemporains d'un événement historique. Ces « chants lyrico-épiques » propagés par la tradition orale auraient donné lieu d'une part à des annales écrites en latin, d'autre part à des chansons en langue vulgaire. Ces dernières feraient la liaison entre le point de départ historique et l'œuvre littéraire. Cette explication est parallèle à celle que donne Lachmann du cycle allemand des Nibelungen.

Mais Joseph Bédier refuse à un chef-d'œuvre tel que La Chanson de Roland *une origine aussi vague. Dans les quatre volumes qu'il consacre aux* Légendes épiques *(Champion, 1912), il tente de retrouver la formation et la trace de ces chansons dans les monastères qui jalonnent la voie des grands pèlerinages du XIᵉ siècle. En s'acheminant vers Saint-Jacques-de-Compostelle, les pèlerins s'arrêtant dans les monastères auraient entendu dans la bouche des clercs et des moines des récits pseudo-historiques en même temps qu'ils auraient vu à diverses étapes les vestiges de l'expédition de Charlemagne : à Blaye les tombes des pairs, à Saint-Seurin de Bordeaux un cor d'ivoire brisé, à Roncevaux un rocher fendu par un puissant coup d'épée. L'abbaye de Roncevaux précisément avait dû être le lieu à la fois collecteur et générateur de récits pieux et guerriers. Ces données éparses, rassemblées, recomposées, dramatisées par un conteur de génie nous auraient valu un chef d'œuvre :* La Chanson de Roland. *Telle est, dans ses grandes lignes, la thèse individualiste de Joseph Bédier.*

Elle est naturellement combattue par les partisans d'une tradition populaire orale s'appuyant sur une matière historique susceptible d'être retrouvée dans les œuvres. Nous voilà, par l'intermédiaire de la croyance à une chaîne de poèmes, tout proches de la théorie néo-traditionaliste de Ramón Menéndez Pidal. Celui-ci (La Chanson de Roland et la tradition épique des Francs, Picard, 1960) voit dans La Chanson de Roland un sommet de la longue évolution d'un genre qui, parti d'un niveau assez bas, celui de l'événement, serait parvenu par des échelons historiques, puis lyriques jusqu'au niveau épique. Il y aurait donc eu transmission orale de la chanson de geste avec apport ou enrichissement selon la formation, le goût, le talent de chaque jongleur ou encore selon ses facultés d'adaptation à son auditoire.

Ces dernières remarques ne signifient pas que théorie individualiste et théorie néo-traditionaliste se tournent définitivement le dos. Pierre Le Gentil (La Chanson de Roland, Hatier, 2ᵉ éd. 1967) s'est efforcé de concilier les deux positions par l'introduction du concept de « mutation brusque ». Une œuvre collective, jusque-là banale, doit pouvoir devenir soudain un chef-d'œuvre une fois revue et repensée par un écrivain de génie.

Turold

Cette question des origines est liée à celle de Turold qui se nomme dans le dernier vers en signant pour ainsi dire La Chanson de Roland. À dire vrai, cette signature nous oriente plus qu'elle ne nous renseigne vraiment. Elle ne résout pas le problème du rôle de Turold :

copiste, récitant, traducteur, remanieur, auteur véritable ? Le « declinet » du dernier vers[1] permet toutes ces hypothèses et d'autres encore. En tout cas l'unité de l'œuvre, l'architecture du récit remarquablement construit, la constante qualité de l'art épique, la forte psychologie des personnages principaux, l'idée de la guerre sainte affirmée des premiers aux derniers vers, toutes ces observations me portent à attribuer, avec Pierre Le Gentil, La Chanson de Roland à un seul auteur de génie. Cela ne veut pas dire qu'il n'y ait pas eu des états antérieurs de l'histoire de Roland représentés par des jongleurs plus ou moins doués. Montaigne a précédé Pascal et il a ouvert la voie pascalienne sans empêcher Pascal d'être l'unique et incontestable auteur des Pensées. Pourquoi un très grand écrivain, puissant poète épique, composant La Chanson de Roland, n'aurait-il pas eu lui aussi son ou ses Montaigne ? Pourquoi n'aurait-il pas, lui aussi, reçu « la même balle » en la lançant « autrement », plus loin et plus haut ? Pourquoi enfin ne serait-ce pas Turold ?

L'art épique de la laisse

En tout cas on peut affirmer que l'auteur de la Chanson porte au niveau le plus élevé genre et style épiques. Celui-ci, à la différence du style narratif qui suit normalement le déroulement de l'action, repose essentiellement sur la répétition. La laisse assonancée du Roland (la laisse est la forme épique de la strophe) comporte

---

1. « Ci falt la geste que Turoldus declinet » : Ici prend fin l'histoire que Turold raconte.

fréquemment les derniers vers, modifiés ou abrégés, de la précédente. Le procédé assure la liaison d'une laisse à l'autre mais aussi la marche du récit et insiste sur sa continuité ou souligne sa progression. C'est le cas dans les laisses similaires où de plus il y a souvent union de la valeur sonore du vers et de sa valeur expressive. D'une laisse à l'autre, l'appel d'Olivier à Roland, « Roland, mon ami sonnez de votre cor », se fait plus pressant et plus angoissé, en même temps qu'il provoque une réponse plus vive et plus ardente. Dans les laisses similaires qui décrivent la mort de Roland, on a l'impression que l'auteur veut que le temps s'arrête sur un moment pathétique. La reprise des nombreux « Roland sent... » ajoute chaque fois un élément dramatique ou lyrique supplémentaire tandis que cette répétition joue un rôle incantatoire.

Dans les laisses parallèles, la variation sur le thème est moins grande et en général l'appel à l'élément sonore moins net. À deux reprises nous lisons « Olivier est monté sur une hauteur », et chaque fois nous avons dans sa bouche une évocation saisissante des immenses armées païennes. Parfois encore la répétition des mêmes termes et des mêmes expressions ne se retrouve pas dans des laisses voisines. Mais l'effet des reprises, pour être moins apparent, n'en est pas moins présent. Les vers de la laisse 55, « Charlemagne a dévasté l'Espagne, il s'est emparé des châteaux et a pris d'assaut les villes » (v. 703-704) reprennent les premiers de la Chanson : « Plus un château qui tienne devant lui, plus de rempart ni de ville qu'il ait à prendre d'assaut » (v. 4-5). Or, plus de deux mille vers plus loin dans le récit, on trouve une reprise voisine qui rappelle à la fois les vers de la première laisse de la Chanson et ceux de la laisse 55, puisque nous lisons : « L'empereur, mettant à profit sa grande puissance, sept ans bien comptés est resté en Espagne. Il s'empare de châteaux et de nombreuses villes » (v. 2609-2611). Ainsi, à différents moments de la Chanson nous sont rappelés le rôle et la longue action guerrière de Charlemagne en Espagne.

Aperçu du monde musulman

L'art de l'auteur se retrouve quand il s'agit de jouer non plus sur les possibilités du vers mais sur la diversité des évocations. Car l'image qui nous est donnée de l'Espagne dans la Chanson est singulièrement suggestive. Suggestion parfois si riche qu'elle peut nous faire hésiter dans l'interprétation. Que veut dire Blancandrin quand il déclare ne pas se résigner à perdre la « clere Espaigne »[1] (v. 59) ? Est-ce l'Espagne ensoleillée, éclatante de lumière ou bien l'Espagne brillante de ses richesses (or, argent, ivoire, pierres précieuses) telle que la voient aussi bien ses possesseurs que ses conquérants ? Il est donc bien difficile, dès le début même de la Chanson, de se faire une idée simple de l'Espagne. La difficulté persiste avec les visions qui suivent : paysage lumineux et gai baigné de soleil jusqu'au soir : « une fin d'après-midi brillante de lumière » (v. 1807), ou au contraire paysages sombres, tourmentés, inquiétants : « Hautes, ténébreuses et imposantes sont les montagnes, profondes les vallées, impétueux les torrents... Ils traversent les montagnes et les sommets élevés, les vallées profondes et les défilés sinistres » (v. 1830-1831 et 3125-3126) ?

1. « clere Espaigne, la bele » : la brillante, la belle Espagne.

Mais ce serait trahir la campagne rolandienne que d'y relever seulement des contrastes. On y rencontre aussi des coteaux, des prés, des plaines et des guérets.

Est-ce suffisant pour affirmer que l'auteur connaît l'Espagne ? Je me garderai bien de l'assurer. Cette incertitude ne m'empêchera pourtant pas d'aborder cette question encore plus délicate : comment se présentent dans la Chanson les habitants de l'Espagne nommés le plus souvent Sarrasins, mais parfois aussi Arabes, Turcs ou Persans ? L'auteur du Roland a pris, semble-t-il, beaucoup de libertés, en attribuant des noms à ses Sarrasins. Il paraît avoir pour base de départ que tout terme ne présentant pas pour lui de consonance ou de résonance habituelle doit être païen donc arabe. Ainsi l'Antiquité apporte un modeste tribut avec Priamon, l'un des conseillers de Marsile. Parfois aussi l'étymologie populaire, si souvent exploitée au Moyen Âge, joue son rôle dans l'onomastique du Roland. Corsalis se rattache à corps et introduit l'idée de grosseur et de corpulence. Le préfixe Mal-porteur de méchanceté ou de maléfice nous a valu Malbien, Malprimis, Malquiant. La fausseté et la perfidie transparaissent dans Falsaron. On serait donc tenté de penser que les noms des Sarrasins de la Chanson consacrent le règne de la fantaisie verbale.

Ce serait imprudent car, même dominée par l'imagination, on peut constater que la réalité ne perd pas tous ses droits. Parfois un élément arabe a pu s'amalgamer à d'autres éléments et le nom de l'émir Baligant se composerait d'un nom hébreu (Baal), d'un nom arabe (Ali) et probablement d'un nom français apparenté à géant. Mais surtout l'origine arabe est effectivement conservée dans un certain nombre de titres que portent *les seigneurs musulmans. Le calife perce sous l'algalife, oncle de Marsile, même si cet oncle n'a pas exactement les fonctions du calife. Quant aux « amiraill, amiralz, amurafle », ils laissent deviner émir affublé de terminaisons obscures. Ainsi, le plus souvent les noms arabes ne retrouvent pas leur authenticité ; du moins ont-ils droit à la différence phonétique.*

Les portraits

Mais pouvons-nous aller plus loin et trouver, dans le Roland, *des musulmans qui physiquement et moralement ne ressemblent pas aux Français ? Sur le plan physique d'abord nous devons avouer que nous sommes déçus, dans la mesure du moins où nous nous attendions à trouver un type proprement arabe. Or le plus souvent les seigneurs arabes les plus grands et les plus beaux tels l'émir de Balaguer et l'émir Baligant ont le teint, le premier clair et le second très clair. Le propre fils du roi Marsile est si blond qu'il est chaque fois nommé Jurfaleu le blond, tout comme on dira plus tard Iseut la blonde. Baligant a de plus les cheveux aussi bouclés que les jeunes héros de Chrétien de Troyes. En revanche il arrive à l'auteur du* Roland *de signaler la laideur de certains d'entre eux : Abisme a la peau très noire et les yeux de Falsaron sont anormalement écartés l'un de l'autre. Dans tout cela il n'y a rien qui rappelle spécialement la réalité et qui distingue plus particulièrement les Sarrasins des chrétiens.*

Sur les plans psychologique et religieux en revanche, il semble bien qu'à côté de points communs l'auteur du Roland *ait voulu doter les Sarrasins de traits qui leur* soient propres. Points communs : des chefs violents et emportés, Charlemagne et Marsile ; mais aussi des conseillers habiles et réfléchis, Naimes auprès de Charlemagne, Jangleu auprès de Baligant. On note aussi de part et d'autre le même acharnement aveugle, la même cruauté sanglante dans ce qui est de chaque côté une guerre sainte. Entendons d'abord un chevalier païen, Margariz de Séville : « Voyez mon épée avec sa garde d'or... Je vous en donne ma parole, elle sera trempée dans le sang rouge vif. Les Français vont mourir » (v. 966-969). Et maintenant laissons parler Roland : « Je vais frapper de grands coups avec Durendal et sa lame en sera trempée de sang jusqu'à l'or de la garde... Je vous en donne ma parole, tous [les païens] sont condamnés à mort » (v. 1055-1057).

Ces guerriers, parlant le même langage avec la même violence, se ressembleraient-ils comme des frères ? Je ne le crois pas, suivant en cela Paul Bancourt dans sa remarquable étude sur Les Musulmans dans les chansons de geste qui m'inspire nombre de remarques. Il y a, chez les Sarrasins vus par les Français, une perfidie qui leur est propre. Elle se manifeste dès le début de la Chanson par la ruse de Blancandrin qui suggère à Marsile de fallacieuses promesses de vasselage : « Le jour attendu viendra, le délai passera sans qu'il reçoive de nous ni mot, ni nouvelles » (v. 54-55). Traîtrise encore au cours du combat lorsqu'on frappe son ennemi dans le dos ou qu'on tue son cheval. Or Olivier est frappé dans le dos par Marganice et Turpin a son cheval tué sous lui, comme plus tard Roland.

Le tort et le droit des païens et des chrétiens

Mais surtout il semble que païens et chrétiens aient une attitude différente en face des événements. Les uns et les autres reconnaissent les notions de droit et de tort, de justice et d'injustice, mais ils ne les fondent pas sur les mêmes bases. Le chrétien assimile Dieu et le droit. Il part d'une conviction religieuse pour aboutir à une conviction morale et juridique à la fois. Dans le cheminement de sa pensée, les éléments rationnels n'interviennent pas un seul instant. Prévenu par Olivier qu'il devra affronter les ennemis, Roland ne se préoccupe nullement de leur nombre et se borne à répondre : « Les païens sont dans leur tort, les chrétiens dans leur droit » (v. 1015). De son côté, Charlemagne a bien vu « l'immense armée des païens d'Arabie recouvrant le pays tout entier, à l'exception de la place qu'il occupe lui-même » (v. 3331-3333). Il vient donc d'évaluer le nombre des troupes respectives et leur disproportion, mais il ne s'en émeut pas. Il crie même à ses hommes avec superbe : « Seigneurs français... Voyez ces païens... Toute leur religion ne leur sert à rien. Seigneurs, qu'importe leur masse ! » (v. 3335-3339). Pourquoi cette confiance insensée de la part d'un chef qui veut ignorer aveuglément les forces de l'adversaire ? Parce qu'il est convaincu que toute la puissance des infidèles doit demeurer impuissante devant la puissance de Dieu. Il va d'ailleurs redire encore une fois aux siens : « Vous le savez déjà, le bon droit est pour moi, contre les païens » (v. 3413). Par ce vers il établit l'équivalence Dieu-droit sur laquelle repose toute une partie de la coutume médiévale, dont le duel judiciaire.

Or cette merveilleuse indifférence de Roland et de

Charlemagne à l'égard des réalités extérieures ne se retrouve pas chez les Sarrasins. Cela, du reste, n'implique pas qu'ils n'aient pas confiance en leurs dieux. Ils les implorent avec ferveur au moment du danger. Mais le surnaturel n'occupe pas dans leur interprétation des événements et leur comportement la même place que chez les chrétiens. Leur croyance ne les empêche pas d'ouvrir les yeux sur le monde extérieur et de raisonner en tenant compte des faits. Ces faits précisément, et c'est là ce qui est intéressant, peuvent donner lieu pour eux à une interprétation d'ordre moral. Il est curieux de voir quelles conséquences les musulmans tirent de leur écrasante supériorité numérique : « Quand les païens voient le petit nombre des Français, ils en retirent orgueil et réconfort. Ils disent entre eux : "Les torts sont du côté de l'empereur !" » (v. 1940-1942). Une constatation matérielle les amène à une conclusion morale : ils ont le nombre, donc le droit. Leur supériorité numérique garantit la justesse de leur cause. Faiblesse et force, échec et succès deviennent ainsi des signes et des symboles à la fois moraux et religieux. Lorsque, dans la bataille finale, Baligant voit son porte-enseigne abattu, le poète lui prête une réflexion riche de sens : « À la vue de sa bannière qui tombe, de l'étendard de Mahomet avili, l'émir commence à prendre conscience de son tort et du bon droit de Charlemagne » (v. 3551-3554). Ce vers, s'ajoutant aux précédents, montre que pour l'auteur du Roland chrétiens et païens n'ont pas les mêmes réactions en face des mêmes faits et des mêmes événements. Roland, demeuré seul et mourant à la fin d'une bataille perdue, conserve une immuable confiance dans la justice de sa cause. Le poète a donc voulu souligner que dans l'esprit des chrétiens la foi pouvait toujours continuer à s'opposer à la force matérielle, mais aussi que les calculs plus rationnels des païens ne les dispensaient pas des échecs. Cette présentation tendait à mettre le surnaturel à l'actif des chrétiens et à en sevrer les musulmans. Était-ce bien les comprendre ? Ce n'est pas certain. Mais c'était du moins les montrer avec des attitudes mentales différentes. Et la conscience de la différence n'est-elle pas une première étape vers la connaissance ?

L'intérêt psychologique de *La Chanson de Roland*

D'ailleurs le poète portait sans doute plus volontiers son intérêt et son analyse du côté des Français. Aussi, sans vouloir étudier la psychologie des personnages, présenterai-je, après bien d'autres, quelques remarques sur les plus importants d'entre eux.

GANELON. *C'est rendre justice à Ganelon que de le placer en tête. Sans lui, il n'y aurait pas eu la désignation de Roland pour l'arrière-garde, avec le conflit initial où se dessinent déjà les caractères dont les traits s'affirment et se burinent à l'approche de la bataille, puis de la défaite de Roncevaux que nous lui devons aussi. Le traître Ganelon donc ? Pourtant il se défend de l'être avec une vigueur farouche : « Vengeance de ma part, oui ! trahison, non ! » (v. 3778). En fait, il ne pouvait se venger de Roland sans trahir l'empereur. Ganelon d'abord n'a pas vu, puis n'a pas voulu voir que Roland ne pouvait pas être isolé et traité en ennemi intime. Les liens féodaux qui les attachaient tous deux à l'empereur ne lui permettaient pas de conserver à leur querelle une dimension familiale. Ce qui n'était pour*

Ganelon qu'une vengeance ne pouvait qu'être une trahison aux yeux de Charlemagne. Mais, tel quel, Ganelon n'est pas le traître classique à base de fourberie et de cupidité. Il est plus vindicatif que fourbe. Quant à l'argent, il l'accepte, mais il ne l'a ni désiré ni demandé. Tout sentiment de l'honneur n'a pas disparu en lui : l'honneur du chevalier chrétien qui met la main à l'épée devant un païen menaçant, l'honneur du seigneur et du père soucieux d'assurer à son fils la possession du fief héréditaire.

CHARLEMAGNE. *La féodalité qui survit en Ganelon triomphe avec l'empereur. Il conserve bien certains traits qui pouvaient être ceux du chef suprême des Francs : dureté autoritaire, folle colère. Mais il est davantage le roi obligé de respecter le droit de* consilium *de ses vassaux. D'où ses multiples appels aux avis de son conseil et l'impression qu'il donne d'être incapable de décider par lui-même. Pénible impression renforcée de loin en loin par les commentaires des païens ou même des chrétiens sur un empereur qui est à l'âge du radotage. Malgré des faiblesses intermittentes qu'expliquent ses deux cents ans passés, Charles conserve une force juvénile et le vigoureux Baligant ne pourra lui résister, Dieu aidant, il est vrai. Car Dieu manifestement est avec lui, le jour dans les combats décisifs, la nuit dans les rêves prémonitoires. Et c'est un trait des plus curieux de Charlemagne de porter en lui à la fois des tares de l'homme et des signes de Dieu.*

TURPIN. *Marqué par Dieu, l'archevêque Turpin l'est également et d'abord par son sacerdoce même. On a parfois trouvé son personnage « assez extraordinaire »* parce qu'« *il frappe de grands coups d'épée avec la même ardeur qu'il sermonne ou bénit* ». Mais sa fonction commande cette double attitude. Prêtre, il bénit à tour de bras les vivants et les morts. Soldat de Dieu, il frappe à coups redoublés les hérétiques. Mais à dire vrai, n'est-il pas plutôt fait pour le second rôle ? Les Français le suggèrent, quand, après avoir vu l'archevêque faire passer son épée à travers le corps d'un païen, ils remarquent avec quelque ironie : « *La crosse est en lieu sûr dans les mains de l'archevêque* » (v. 1509). En fait on ne voit guère Turpin avec mitre et crosse, mais avec casque et épée. À quoi pourraient bien lui servir d'inutiles ornements, symboles dépassés ? Il exerce d'ailleurs sa fonction sacerdotale en des termes qui excitent le corps plus qu'ils ne sollicitent l'âme : « *"Notre devoir est de mourir bravement pour notre roi... Vous aurez la bataille..." L'archevêque leur donne sa bénédiction au nom de Dieu et, en guise de pénitence, il leur ordonne de frapper* » (v. 1128-1138). Le champ de bataille, couvert de morts, pourrait être la propriété de Roland qui a massacré tant de païens mais Turpin le revendique sans hésitation pour lui aussi : « *Ce champ de bataille est à vous, Dieu merci, à vous et à moi* » (v. 2183). En agissant, en s'exprimant ainsi, Turpin n'a rien d'extraordinaire. Il ne fait que devancer un peu son temps. Avant l'heure, avant la lettre, mais dans l'esprit de saint Bernard, il représente déjà le chevalier idéal rêvé par lui dans l'Éloge de la nouvelle milice : « *Le chevalier du Christ tue en conscience et meurt plus tranquille ; en mourant il fait son salut ; en tuant il travaille pour le Christ.* » Turpin peut mourir tranquille : il a bien travaillé pour le Christ.

Olivier. *Le personnage d'Olivier s'est figé dans la tradition littéraire. Il est entendu une fois pour toutes qu'il représente la raison tempérée en face de la bravoure déchaînée de Roland. Ce dernier, en méprisant orgueilleusement la mort, en repoussant l'idée de la défaite, s'élève par son sacrifice au rang des héros les plus purs, sinon des saints, tandis qu'Olivier, en soulignant la disproportion des forces en présence, reste au niveau des hommes qui refusent le risque. Cette image d'Olivier, formée par l'analyse de la vive discussion qui l'oppose à Roland, demande à être revue. Certes, Olivier, devant la multitude des ennemis, s'inquiète du sort de tous ses compagnons, face à Roland qui, fermant les yeux, se fie et se confie à Dieu. Pas d'éclairage divin dans la pensée humaine d'Olivier, mais une claire prise de conscience de la réalité. N'est-ce pas là une attitude qui force aussi le respect ? Olivier sait, avant Malraux, que « le courage est une chose qui s'organise, qui vit et qui meurt ». Or, en sonnant du cor, en faisant appel à Charlemagne, il veut précisément organiser le courage et l'empêcher de mourir. Il consent bien à son propre sacrifice, mais non à celui de tous ses compagnons d'armes, de ceux qui ne feront plus jamais partie d'aucune arrière-garde (v. 1105). Singularité donc d'Olivier, le seul à laisser sa place à la raison sans lui substituer la foi, le seul à penser que regarder la terre n'est pas douter du ciel.*

Mais cette singularité n'est pas unique. Curieux personnage qu'Olivier qui paraît sorti du néant, sans origine, sans père ni patrie identifiables, car on ne sait rien, ni du duc Rénier, ni de la marche de Runers. Dans la bataille il n'y a que lui à avoir cette distraction héroïque et sublime : combattre avec un moignon de lance, en oubliant de tirer l'épée, ce qui n'est pas très raisonnable. Il est le seul (Ganelon mis à part) à se quereller violemment avec Roland au point de provoquer l'intervention de Turpin. A-t-on remarqué aussi que le hasard (dont la psychanalyse ne s'est pas encore emparée) veut qu'Olivier, le regard trouble et à demi-conscient, frappe durement Roland qu'il n'a pas reconnu ? Aucun autre combattant ne commet semblable méprise. Fait remarquable encore : dans ce récit guerrier, il est le seul à évoquer la femme comme être charnel, porteuse de plaisir. Il n'hésite pas à déclarer à Roland : « Si je peux revoir Aude, ma noble sœur, jamais vous ne coucherez entre ses bras ! » (v. 1720-1721). Voilà bien des traits particuliers à Olivier. Il n'y a pas de sage Olivier au sens où on l'entend d'ordinaire. Sa raison lucide s'oppose à la foi aveugle de Roland, c'est vrai. Mais cette raison n'épuise pas Olivier. Il reste complexe, multiple et lui non plus n'a pas son pareil.

Sa fin encore le distingue et de Roland surtout. Olivier mourra discrètement et sa mort sera éclipsée par celle de son grand ami. Sa confession est simple, rituelle et sans mea culpa à répétition. Il n'a pas besoin de deux prières successives. Une seule lui suffit et à Dieu aussi. Son âme, sans le secours de saints ni d'ange, montera elle-même au ciel. À quel gradin du Paradis ? Certainement pas au sommet, car Roland prendra la place.

ROLAND. On a pour ainsi dire tout écrit sur sa vaillance, ses exploits, son orgueil, sa démesure, sa foi. On ne peut non plus parler d'Olivier sans esquisser une comparaison avec son frère d'armes, et je viens de le faire. Je me bornerai donc à quelques remarques sur la fin de Roland. Il est bien certain que les laisses qui la décrivent glorifient le héros et lui tressent une belle couronne. Le poète a voulu grandir Roland jusqu'à son dernier souffle et le faire survivre aussi par sa mort, car elle fait l'objet d'une scène extraordinaire. Déjà il a perdu la vue mais il est encore assez vigoureux pour donner des coups d'épée tels qu'il fait d'énormes brèches dans un rocher. Ses forces le quittent mais il est encore capable de composer avec éloquence une longue lamentation funèbre sur son épée Durendal. Il est proche de l'agonie mais il s'en va en courant sous un pin. Ce combattant a été criblé de coups mais on ne voit pas de blessure ouverte, pas de sang, pas de tache. Sa cervelle et ses entrailles restent bien en place, à la différence de celles de Turpin, pourtant archevêque. Roland, lui, meurt proprement, idéalement, noblement aussi. Noblement surtout, serai-je tenté d'écrire. Ne cultive-t-il pas la noblesse de l'attitude avec le geste solennel, féodal, mais dans ce cas un peu théâtral aussi, du gant tendu vers Dieu ? Cette même solennité se retrouve dans l'envoi auprès de Roland de deux saints et d'un ange. Plus encore que la gloire de Roland, ce déplacement, ce déploiement céleste me paraît servir la gloire de Dieu. Ne faut-il pas montrer ostensiblement que Roland gagnera le ciel malgré tous ses péchés, « les grands et les petits », les grands, parmi lesquels l'orgueil, péché capital ? Mais Dieu peut tout faire pour celui qui l'a aidé contre les infidèles. D'où la présence des représentants célestes, garants visibles de sa toute-puissance. Ainsi retrouvons-nous à la fin de la Chanson le dieu médiéval, le dieu des miracles, celui qui, à l'heure de l'âme, peut arracher les plus grands pécheurs aux plus grands dangers.

On a peut-être noté dans les lignes qui précèdent la fréquence des points d'interrogation. Ils répondent à mon *intention : ne pas imposer au lecteur une voie étroite et unique, mais le guider vers un récit qu'il lui reste à découvrir, vers des personnages qui ne lui seront pas inconnus mais dont la fréquentation avivera son intérêt.*

Pierre Jonin.

La Chanson de Roland

1

Le roi Charles, qui est aussi notre grand empereur, sept années entières est resté en Espagne. Il a conquis jusqu'à la mer les terres les plus hautes. Plus un château qui tienne devant lui, plus de rempart ni de ville qu'il ait à prendre d'assaut, exceptée Saragosse située sur une montagne. La ville est entre les mains du roi Marsile, l'ennemi de Dieu, car il sert Mahomet et invoque Apollin. Mais il ne pourra empêcher la mort de le frapper là-bas.

2

Le roi Marsile réside à Saragosse. Il va dans un verger à l'ombre. Il s'allonge sur un perron de marbre bleu. Il a plus de vingt mille hommes autour de lui et il appelle ses ducs et ses comtes : « Sachez bien, seigneurs, l'étendue du désastre qui nous accable. Charles, l'empereur de la douce France, est venu pour nous écraser dans notre propre pays. Je n'ai pas d'armée capable de le combattre et mes hommes ne sont pas de taille à mettre les siens en déroute. Conseillez-moi, vous mes sages vassaux, et préservez-moi de la mort et de la honte. » Aucun païen ne trouve un seul mot à lui répondre, excepté Blancandrin du château de Valfonde.

3

[v. 24-46]

C'était un des plus sages parmi les païens. Sa vaillance en faisait un excellent chevalier et sa sagesse un bon conseiller pour son seigneur. Il s'adresse au roi : « Ce n'est pas le moment de prendre peur ! Faites transmettre à l'orgueilleux et farouche Charles votre promesse de loyaux services et d'alliance très cordiale. Vous lui offrirez des ours, des lions, des chiens, sept cents chameaux et mille éperviers qui aient mué, quatre cents mulets chargés d'or et d'argent, cinquante chariots dont on formera un convoi. Avec tout cela il aura de quoi payer grassement ses soldats. Il n'a que trop longtemps fait la guerre chez nous ; il faut qu'il reparte dans le pays des Francs, à Aix-la-Chapelle. Vous le suivrez à la fête de Saint-Michel, vous vous convertirez au christianisme et vous deviendrez son vassal en tout bien et tout honneur. S'il veut des otages, eh bien, envoyez-lui-en dix ou vingt pour lui inspirer confiance. Envoyez-lui les fils de nos femmes. Je lui enverrai le mien au risque de le faire tuer. Mieux vaut, et de loin, qu'ils y perdent leurs têtes que nous nos privilèges et nos biens et que nous ne soyons pas réduits à la mendicité ! »

Blancandrin continue : « Par ma main droite que voici et par ma barbe que le vent agite sur ma poitrine, vous verrez tout aussitôt l'armée des Français se disloquer. Ils s'en iront en France leur véritable pays. Quand chacun sera retourné dans sa terre de prédilection et que Charles sera à Aix, à sa chapelle, il donnera une fête splendide à la Saint-Michel. Le jour attendu viendra, le délai passera sans qu'il reçoive de nous ni mot, ni nouvelles. Le roi est dur et son cœur cruel. Il fera trancher la tête de nos otages. Mais mieux vaut, et de loin, qu'ils y perdent leurs têtes que nous la brillante, la belle Espagne et que nous supportions malheurs et souffrances ! » Les païens lui répondent : « Vous avez peut-être raison ! »

Le conseil tenu par le roi Marsile est terminé. Il fait alors appeler Clarin de Balaguer, Estamarin et Eudropin son égal, Priamon et Guarlan le barbu, Machiner et son oncle Maheu, Joüner et Malbien d'outre-mer et Blancandrin pour leur faire part de sa décision. Il en appelle dix des plus déloyaux qui soient et leur déclare : « Seigneurs chevaliers, vous irez trouver Charlemagne qui assiège la ville de Cordres. Vous porterez à la main des branches d'olivier, symbole de paix et de soumission. Si, par votre diplomatie, vous pouvez me réconcilier avec lui, je vous donnerai des monceaux d'or et d'argent, des terres et des fiefs autant que vous en voudrez. »

Les païens lui répondent : « Voilà de quoi nous combler ! »

6 [v. 78-88]

Le conseil tenu par le roi Marsile est terminé. Il déclare à ses vassaux : « Seigneurs vous allez partir avec des branches d'olivier à la main et vous direz au roi Charlemagne qu'au nom de son dieu il ait pitié de moi et qu'il ne verra pas passer ce premier mois sans que je le rejoigne avec mille de mes fidèles pour recevoir le baptême. Je serai son vassal dans l'amitié et la fidélité. S'il veut des otages, il en aura, je m'y engage. » Blancandrin lui répond : « En agissant ainsi, vous obtiendrez un excellent arrangement. »

7 [v. 89-95]

Marsile fait amener dix mules blanches données par le roi de Suatille. Les freins sont en or et les selles incrustées d'argent. Les envoyés à cheval portent le message, des branches d'olivier à la main. Ils arrivent devant Charles, lui qui gouverne la France. Il ne peut éviter entièrement le piège qu'ils lui tendent.

8 [v. 96-121]

L'empereur se montre joyeux et de bonne humeur. Il a pris Cordres dont il a démantelé les remparts et abattu les tours avec ses machines de guerre. Ses chevaliers y ont fait un énorme butin en or, en argent, en équipements de grand prix. Dans la ville tous les païens sans exception ont été tués ou se sont convertis. L'empereur est dans un grand verger, entouré de Roland et d'Olivier, du duc Sanson, du farouche Anseïs, de Geoffroy d'Anjou, le porte-étendard du roi. Il y avait là aussi Gérin et Gérier et à côté d'eux bien d'autres encore : quinze mille hommes de la douce France. Les chevaliers sont assis sur des tapis de soie blanche. Pour se distraire les plus raisonnables et les plus âgés jouent au trictrac ou aux échecs tandis que les jeunes, les plus turbulents, s'affrontent à l'escrime. Au pied d'un pin, tout à côté d'un églantier, on a placé un trône entièrement en or pur. C'est là que siège le roi qui gouverne la douce France. Il a la barbe et les cheveux tout blancs, le corps bien pris, l'allure très fière. Inutile de le désigner à celui qui le cherche. Alors les messagers mettent pied à terre et le saluent avec des marques d'amitié et d'estime.

[v. 122-138]   9

Le premier d'entre eux, Blancandrin prend la parole et s'adresse au roi : « Salut au nom du Dieu glorieux que nous devons adorer ! Voici ce que vous fait dire le vaillant roi Marsile : il s'est amplement renseigné sur la religion du salut. Il veut vous couvrir de richesses : des ours, des lions et des lévriers en laisse, sept cents chameaux et mille éperviers qui aient mué, quatre cents mulets chargés d'or et d'argent, cinquante chariots dont on formera un convoi. Il y aura tellement de pièces d'or pur

que vous pourrez en payer grassement vos soldats.
Vous êtes resté très longtemps dans notre pays.
Vous feriez bien de retourner dans le pays des
Francs, à Aix-la-Chapelle. C'est là que vous suivra
mon maître, il l'a assuré. » L'empereur lève ses deux
mains vers Dieu, baisse la tête et se met à réfléchir.

10 [v. 139-156]

L'empereur a toujours la tête baissée. Ses paroles ne sont jamais trop promptes et il a l'habitude
de prendre son temps pour répondre. Quand il
relève la tête, son visage exprime la plus grande
fierté. Il répond aux messagers : « Vous avez très
bien parlé. Mais le roi Marsile est mon grand ennemi. Quant aux promesses que vous venez de
faire ici même, comment pourrai-je m'y fier ? — Il
veut, continue le Sarrasin, que ce soit grâce à des
otages dont vous aurez dix, quinze, ou vingt. Dût-il
y périr, je mettrai mon fils parmi eux et vous en
aurez encore, je crois, de plus nobles. Quand vous
serez de retour dans votre palais royal à la grande
fête de Saint-Michel du Péril, mon maître promet
de vous rejoindre dans les bains que Dieu a faits
pour vous ; là il voudra devenir chrétien. » Charles
lui répond : « Alors il pourra encore obtenir son
salut. »

11 [v. 157-167]

C'était par une belle fin d'après-midi éclatante
de soleil. Charles fait mettre les dix mulets à l'écurie
et dresser une tente dans le grand verger. Il y loge

les dix messagers. Douze serviteurs ont largement
pourvu à leurs besoins. Ils restent là toute la nuit
jusqu'à l'aube. L'empereur, levé de bon matin, entend messe et matines. Puis il va au pied d'un pin
où il fait venir ses seigneurs pour tenir son conseil
car il ne veut rien faire sans l'avis des Français.

[v. 168-179] 12

L'empereur s'en va au pied d'un pin et fait venir
ses seigneurs pour tenir son conseil : le duc Ogier,
l'archevêque Turpin, le vieux Richard et son neveu
Henri, le vaillant comte de Gascogne Acelin, Thibaut de Reims et son cousin Milon. Il y avait aussi
Gérier et Gérin ainsi que le comte Roland et le
vaillant, le noble Olivier. Il y a là plus de mille
Francs de France. Ganelon y est venu aussi, lui qui
a trahi. Alors commence ce conseil de malheur.

[v. 180-192] 13

« Seigneurs chevaliers, déclare l'empereur Charles, le roi Marsile m'a envoyé ses messagers. Il veut
me combler de ses richesses : ours et lions, lévriers
en laisse, sept cents chameaux, mille éperviers qui
aient mué, quatre cents mulets chargés d'or d'Arabie et aussi plus de cinquante chariots. Mais il me
demande de retourner en France et il me suivra
jusqu'à Aix, ma résidence. Alors il se convertira à
notre très sainte religion. Il deviendra chrétien et
tiendra de moi ses provinces frontières. Mais je ne
connais pas le fond de son cœur. » Les Français lui
répondent : « Nous devons rester sur nos gardes. »

L'empereur a dit ce qu'il avait à dire. Le comte
Roland qui ne l'approuve pas se dresse pour s'opposer à lui. Il se tourne vers le roi : « Malheur à vous si
vous croyez Marsile ! Voilà sept années entières que
nous sommes venus en Espagne. J'ai conquis pour
vous Noples et Commibles, j'ai pris Valterne et la
terre de Pine, Balaguer, Tudèle et Sézille. Le roi
Marsile s'est comporté là comme le pire des traîtres : il a envoyé quinze de ses païens, chacun
porteur d'une branche d'olivier. Ils ont prononcé
les mêmes paroles qu'aujourd'hui. Vous avez demandé l'avis de vos Français qui vous ont conseillé
bien à la légère. Vous avez envoyé au païen deux
de vos comtes, l'un Basan, l'autre Basile. Il les a fait
décapiter dans les montagnes au pied d'Haltille.
Continuez la guerre comme vous l'avez commen-
cée. Rassemblez l'armée que vous avez convoquée
et conduisez-la à Saragosse, faites-en le siège même
s'il doit durer toute votre vie et vengez ceux que le
traître a fait tuer ! »

L'empereur a baissé la tête, il caresse sa barbe,
arrange sa moustache. Il n'approuve ni ne blâme
son neveu. Les Français gardent le silence, excepté
Ganelon qui se dresse et s'approche de Charles. Il
prend la parole avec arrogance et déclare au roi :
« Malheur à vous si vous croyez un mauvais drôle,

moi ou un autre, s'il parle à votre détriment. Quand
le roi Marsile vous fait savoir que, les mains jointes, il deviendra votre vassal et recevra toute l'Espagne comme un don de votre part, puis qu'il
adoptera notre religion, celui qui vous conseille de
rejeter cet accord se moque bien, sire, de quelle
mort nous pourrions mourir. Conseil d'orgueil ne
doit pas l'emporter. Laissons les fous, suivons les
sages ! »

[v. 230-243]　　　　　**16**

　　Puis le duc Naimes s'avance. C'était le meilleur
vassal de la cour. Il fait remarquer au roi : « Vous
avez bien entendu la réponse que vous a faite le
comte Ganelon. C'est un sage conseil et qu'il faut
suivre. Le roi Marsile a perdu la guerre, vous lui
avez pris tous ses châteaux ; avec vos machines vous
avez démantelé ses remparts, brûlé ses villes et
battu ses hommes. Puisqu'il vous demande d'avoir
pitié de lui, ce serait un péché de le maltraiter davantage. Du moment qu'il vous offre des otages en
garantie, cette grande guerre ne doit plus se pro-
longer. » Les Français acquiescent : « Le duc a bien
parlé. »

[v. 244-251]　　　　　**17**

　　« Seigneurs chevaliers, qui sera notre messager
là-bas à Saragosse auprès du roi Marsile ? » Le duc
Naimes répond : « J'irai avec votre accord. Donnez-
moi à l'instant le gant et le bâton. » Le roi lui réplique : « Vous êtes un homme plein de sagesse. Par

ma barbe et ma moustache, vous ne partirez pas cette année si loin de moi. Allez vous asseoir puisque personne ne vous sollicite ! »

18 [v. 252-263]

« Seigneurs chevaliers, quel messager pourrons-nous envoyer au Sarrasin maître de Saragosse ? » Roland répond : « Moi je peux très bien y aller ! — Il n'en est vraiment pas question, proteste le comte Olivier. Votre caractère est intraitable et violent, je craindrais que vous n'en veniez aux mains. Si le roi y consent je peux très bien y aller. » Le roi réplique : « Plus un mot là-dessus vous deux ! Ni vous, ni lui n'y mettrez les pieds. Par ma barbe que vous voyez toute blanche, malheur à qui désignera un des douze pairs ! » Les Français se taisent, ils sont abasourdis.

19 [v. 264-273]

Turpin de Reims se lève et sort du rang. Il déclare au roi : « Laissez vos Francs tranquilles ! Vous êtes resté sept ans dans ce pays au prix de bien des peines et de bien des souffrances. Donnez-moi, sire, le bâton et le gant. Moi, j'irai auprès du Sarrasin d'Espagne et ainsi je verrai un peu l'allure qu'il a. » L'empereur lui réplique furieux : « Allez vous rasseoir sur ce tapis blanc et ne parlez plus de cela sans en avoir reçu l'ordre ! »

« Nobles chevaliers, commande l'empereur Charles, choisissez-moi donc un seigneur de ma province
frontière capable de porter mon message à Marsile. » Roland propose : « Ce sera Ganelon mon
parâtre. » Les Français ajoutent : « Mais oui, il peut
bien le faire. Si vous le récusez, vous ne pourrez pas
en envoyer un plus sage. » Alors l'angoisse étreint
le comte Ganelon. Il rejette vivement de son cou
ses grandes fourrures de martre et il n'a plus sur lui
que sa tunique de soie. Il a les yeux vairons, le
visage plein de fierté, le corps bien fait et le torse
large. Il est si beau que tous ses pairs le regardent.
Il apostrophe Roland : « Grand fou ! Pourquoi
cette crise de rage ? On sait bien que je suis ton
parâtre. Pourtant tu as demandé que j'aille auprès
de Marsile. Si Dieu veut que j'en revienne, moi je
te ferai tant de mal qu'il t'en cuira toute ta vie. »
Roland lui répond : « J'entends là de folles vantar-
dises. On sait fort bien que je me moque des menaces. Mais c'est un homme raisonnable qu'il faut
pour porter ce message. Si le roi y consent, je suis
prêt à partir à votre place ! »

Ganelon réplique : « Non tu n'iras pas à ma
place ! Tu n'es pas mon vassal et je ne suis pas ton
suzerain. Charles me commande de remplir mon
devoir de vassal : j'irai à Saragosse trouver Marsile.
Mais je m'y serai un peu amusé avant de calmer ma
fureur d'aujourd'hui. » À ces mots Roland se met
à rire.

Devant le rire de Roland, Ganelon souffre tant qu'il est près d'exploser de colère et de devenir fou. Il crie au comte : « Je vous déteste. Vous avez fait prendre à mon sujet une décision contraire à la justice. Me voici en personne, juste empereur : je suis à vos ordres. »

« Je sais bien que je dois aller à Saragosse. Celui qui va là-bas ne peut en réchapper. Mais voici l'essentiel : ma femme est votre sœur et elle m'a donné un fils, le plus beau qui puisse être. C'est Baudoin, dit-il, et ce sera un vaillant chevalier. C'est à lui que je lègue mes privilèges et mes fiefs. Veillez bien sur lui car mes yeux ne le verront jamais plus. » Charles lui répond : « Vous avez le cœur trop sensible. Puisque je l'ordonne, vous devez partir. »

Le roi continue : « Ganelon, avancez, vous allez recevoir le bâton et le gant. Vous l'avez entendu, c'est vous que les Français désignent. — Sire, s'emporte Ganelon, Roland a tout machiné, je le détesterai toute ma vie, Olivier aussi parce qu'il est son ami, ainsi que les douze pairs parce qu'ils l'aiment tant. Je les défie ici même, sire, et sous vos yeux. »

Le roi lui répond : « Vous avez trop de rancune. Vous allez partir dès maintenant, c'est sûr, puisque je vous en donne l'ordre. — Rien ne m'empêche d'y aller, mais je n'aurai pas plus de garant que n'en ont eu Basile et son frère Basan. »

[v. 331-336]   25

L'empereur lui tend son gant droit, mais le comte Ganelon aurait préféré ne pas être là. Au moment de le prendre, il le laisse tomber. Les Français s'exclament : « Mon Dieu ! Qu'est-ce que cela peut vouloir dire ? Cette ambassade nous vaudra un grand malheur. — Seigneurs, répond Ganelon, vous aurez de mes nouvelles. »

[v. 337-341]   26

« Seigneur, continue Ganelon, donnez-moi la permission de partir. Puisque je dois m'en aller, je n'ai plus à tarder. » Le roi lui répond : « Allez, au nom de Jésus et au mien ! » De sa main droite il l'absout et fait sur lui le signe de la croix. Puis il lui remet le bâton et la lettre.

[v. 342-365]   27

Le comte Ganelon se rend à son camp et se met à préparer son équipement, le meilleur qu'il puisse trouver. Il ajuste à ses bottes ses éperons d'or, il attache à son côté Murgléis son épée et enfourche Tachebrun son cheval de bataille. Son oncle Guinemer lui tient l'étrier. Là vous auriez pu voir tant de chevaliers pleurer, qui lui disent tous : « Quel dommage pour un homme de votre valeur ! Vous êtes resté bien longtemps à la cour du roi où l'on vous considère comme un noble vassal. Celui qui vous a désigné pour partir, personne ne le protégera, personne ne le défendra, pas même Charlemagne. Le comte Roland n'aurait pas dû avoir cette idée puisque vous êtes le descendant d'une si grande famille. » Ils ajoutent alors : « Eh bien, seigneur, emmenez-nous ! » Mais Ganelon répond : « Qu'il ne plaise à Dieu notre Seigneur ! Il vaut mieux que je sois le seul à mourir plutôt que tant de braves chevaliers. Vous repartirez, seigneurs, en douce France. Saluez ma femme de ma part ainsi que Pinabel mon ami et mon pair et Baudoin mon fils que vous connaissez bien. Apportez-lui votre aide et reconnaissez-le comme votre suzerain. » Il part, le voilà déjà en route.

28 [v. 366-376]

Ganelon passe à cheval sous de grands oliviers. Il a rejoint les messagers sarrasins ; mais Blancandrin flâne près de lui. Ils rivalisent d'habileté et Blancandrin déclare : « Charles est un homme prodigieux, lui, le vainqueur de la Pouille et de toute la Calabre, lui qui a passé la mer salée pour aller en Angleterre dont il a obtenu le versement du denier de saint Pierre. Pourquoi vient-il nous provoquer ainsi dans notre propre patrie ? » Ganelon répond : « C'est dans sa nature. Jamais aucun homme au monde n'aura sa valeur. »

Blancandrin reprend : « Les Francs sont des hommes pleins de noblesse ! Mais ils font beaucoup de
mal à leur seigneur, ces ducs et ces comtes qui lui
donnent ce genre de conseils ; ils le tourmentent ;
ils le conduisent à sa perte et d'autres avec lui. »
Ganelon répond : « Je ne vois personne, à vrai dire,
qui agisse ainsi sauf Roland qui un jour s'en re-
pentira. Hier matin l'empereur était assis à l'ombre
quand son neveu arrive, revêtu de sa cuirasse. Il
avait fait du butin dans les environs de Carcassonne.
Il tenait à la main une pomme vermeille. "Voici,
sire bien-aimé, dit Roland à son oncle, je vous offre
en cadeau les couronnes de tous les rois !" Son
orgueil devrait bien le perdre car chaque jour il
affronte la mort. Que quelqu'un vienne à le tuer et
nous jouirions alors d'une paix totale. »

Blancandrin ajoute : « Il n'est pire ennemi que
Roland, lui qui veut réduire tous les peuples à sa
merci et prétend conquérir le monde. Sur quel peuple compte-t-il pour parvenir à de pareils résul-
tats ? » Ganelon lui fournit la réponse : « Sur les
Français. Ils l'aiment tant qu'ils ne l'abandonneront
pas. Il les comble de cadeaux : or et argent, mulets,
chevaux de bataille, étoffes de soie et équipements.
L'empereur lui-même obtient de lui tout ce qu'il
souhaite. Il lui conquerra les pays d'ici jusqu'en
Orient. »

Ganelon et Blancandrin chevauchent si longtemps qu'ils se promettent mutuellement de chercher à faire tuer Roland. Ils chevauchent si longtemps le long des routes et des chemins qu'ils finissent par descendre de cheval à Saragosse sous un if. À l'ombre d'un pin, se trouve un trône recouvert d'une étoffe de soie d'Alexandrie. Le roi y siège, lui le maître de toute l'Espagne. Vingt mille Sarrasins l'entourent, mais aucun ne prononce le moindre mot car tous sont impatients d'apprendre des nouvelles. Surviennent alors Ganelon et Blancandrin.

Blancandrin s'avance devant Marsile en tenant le comte Ganelon par la main. Il s'adresse au roi : « Soyez salué au nom de Mahomet et d'Apollin dont nous observons les saintes lois ! Nous avons transmis votre message à Charles. Il s'est contenté, pour toute réponse, d'élever ses deux mains vers le ciel et de rendre grâce à son dieu. Il vous envoie un de ses nobles seigneurs. Il vient de France, c'est un personnage très puissant. Il vous dira lui-même si vous aurez ou non la paix. » Marsile lui répond : « Eh bien, qu'il parle, nous l'écouterons ! »

Or le comte Ganelon avait beaucoup réfléchi et il se met à parler avec une suprême habileté, en

homme qui savait s'y prendre. Il s'adresse au roi :
« Soyez salué au nom de Dieu le glorieux que nous
devons adorer. Le valeureux Charlemagne vous
demande de vous convertir à la sainte religion
chrétienne. Il veut vous donner en fief la moitié de
l'Espagne. Mais si vous refusez cet accord, vous
serez pris, garrotté et traîné de force à Aix, sa capitale. Là-bas, vous serez condamné à mort, vous
mourrez dans la honte et le mépris. » Le roi Marsile en est épouvanté. Il tient à la main un javelot
garni de plumes d'or. Il veut en frapper Ganelon,
mais on le retient.

[v. 441-450]   34

Le roi Marsile a changé de couleur. Il secoue la
hampe de son javelot. En le voyant Ganelon met la
main à l'épée. Il la tire de son fourreau d'une lon-
gueur de deux doigts en lui disant : « Vous êtes très
belle et brillante ! Je vous ai portée si longtemps à
la cour du roi ! L'empereur de France ne pourra
jamais dire que je suis le seul à mourir dans ce pays
étranger, sans que les plus braves ne vous aient
payée bien cher. » Les païens interviennent : « Em-
pêchons-les d'en venir aux mains ! »

[v. 451-467]   35

Les plus braves des Sarrasins insistent tellement
que Marsile se rassied sur son trône. Le calife
intervient : « Vous nous avez mis en difficulté en
voulant frapper le Français. Vous auriez dû l'écouter et prêter davantage attention. — Sire, répond

Ganelon, ce sont là des choses qu'il me faut supporter. Je ne me retiendrai pas, même pour tout l'or
du créateur, ni pour toute la richesse des Sarrasins,
de lui dire, si je le peux, ce que, par mon intermédiaire, Charles le roi tout puissant lui demande, à
lui son ennemi mortel. » Il est vêtu d'un manteau
de zibeline recouvert de soie d'Alexandrie. Il le jette
à terre et Blancandrin le prend. Mais il ne veut pas
se dessaisir de son épée. Sa main droite serre le
pommeau doré et les païens reconnaissent : « Voilà
un seigneur courageux ! »

Ganelon s'approche du roi en lui disant : « Vous
avez tort de vous fâcher car Charles le maître de la
France vous demande de vous convertir à la religion
chrétienne ; il vous donnera en fief la moitié de
l'Espagne et son neveu Roland recevra l'autre : avec
quel orgueilleux seigneur vous la partagerez ! Mais
si vous refusez cet accord il viendra vous assiéger
dans Saragosse. Vous serez pris, garrotté et traîné
de force directement à Aix-la-Chapelle. Pour le tra-
jet on ne vous donnera ni cheval de voyage, ni cheval de bataille, ni mulet, ni mule, mais on vous
jettera sur une rosse. Là-bas, vous serez condamné à
être décapité. Voilà la lettre que notre empereur
vous envoie. » Il la met dans la main droite du païen.

La fureur a fait changer Marsile de couleur. Il
brise le sceau de la lettre, il jette la cire, regarde et

en lit le texte : « Charlemagne, maître de la France, me demande de me souvenir de sa douleur et de sa colère au sujet de Basan et de son frère Basile dont j'ai coupé les têtes dans les montagnes d'Haltoie. Si je veux racheter ma vie je dois lui envoyer mon oncle le calife, sans quoi il me détestera toujours. » Le fils de Marsile se tourne alors vers son père et lui déclare : « Ganelon a parlé comme un fou ; après tant d'insolence il n'a plus le droit de vivre. Livrez-le-moi, je me charge d'en faire justice. » À ces mots, Ganelon brandit son épée et va s'adosser au tronc d'un pin.

[v. 501-511]   38

Le roi se dirige vers le verger en emmenant avec lui ses meilleurs vassaux, Blancandrin aux cheveux blancs, Jurfaret son fils et son héritier, le calife, son oncle et son familier. Blancandrin conseille : « Faites venir le Français : il m'a donné sa parole de servir nos intérêts. » Le roi lui répond : « Conduisez-le donc ici. » Blancandrin prend alors Ganelon par les doigts de la main droite et il le conduit dans le verger près du roi. C'est là qu'ils machinent l'infâme trahison.

[v. 512-519]   39

« Bon seigneur Ganelon, lui dit le roi Marsile, je vous ai traité avec un peu de désinvolture quand j'ai failli vous frapper et que j'ai éclaté de colère. En guise de réparation, prenez ces fourrures de zibeline qui valent en or plus de cinq cents livres.

Avant demain soir vous aurez un beau dédommagement. » Ganelon répond : « Je ne le refuse pas. Qu'il plaise à Dieu de vous en récompenser ! »

Marsile reprend : « Ganelon, soyez-en persuadé, je tiens à vous donner mon amitié. Je veux vous entendre parler de Charles. Il est très vieux, il a fait son temps. D'après moi il a deux cents ans bien sonnés. Il a traîné son corps par tant de pays, reçu tant de coups sur son bouclier, contraint tant de rois puissants à mendier ! Quand sera-t-il las de faire la guerre ? » Ganelon lui répond : « Charles n'est pas homme à se laisser abattre. Tous ceux qui le voient et qui savent le juger affirment que l'empereur est un brave. Toute l'estime que je lui porte et tout l'éloge que je pourrais en faire seraient encore inférieurs à son honneur et à sa vaillance. Qui pourrait mesurer sa grande valeur ? Dieu a mis en lui une vaillance si éclatante qu'il aimerait mieux mourir que d'abandonner les siens. »

Le roi païen continue : « J'ai bien de quoi m'étonner ; Charlemagne est un vieillard tout blanc. À mon avis il a plus de deux cents ans. Il a épuisé son corps par tant de pays, reçu tant de coups de lance et d'épieu, contraint tant de rois puissants à mendier ! Quand sera-t-il las de faire la guerre ? — Jamais ! réplique Ganelon, aussi longtemps que son neveu vivra. Pas un seigneur qui le vaille sous la voûte du ciel ! Son ami Olivier est très brave lui aussi. Les douze pairs, si chers au cœur de Charles, et vingt mille chevaliers forment son avant-garde grâce à laquelle il est en sécurité et ne redoute personne. »

[v. 550-562]   42

Le Sarrasin lui répond : « Charlemagne me remplit d'étonnement. Ses cheveux sont tout blancs. À mon avis il a plus de deux cents ans. Il a conquis tant de pays, reçu tant de coups de solides épieux tranchants, tué et vaincu tant de rois puissants sur les champs de bataille ! Quand sera-t-il las de faire la guerre ? — Jamais ! réplique Ganelon, aussi longtemps que son neveu vivra. Pas un seigneur qui le vaille d'ici jusqu'en Orient. Son ami Olivier est très brave aussi. Les douze pairs que Charles aime tant et vingt mille chevaliers forment son avant-garde grâce à laquelle il est en sécurité et ne redoute personne. »

[v. 563-579]   43

« Bon seigneur Ganelon, reprend le roi Marsile, j'ai la plus belle armée du monde : je peux disposer de quatre cent mille chevaliers. Est-ce que je peux avec eux livrer bataille à Charles et aux Français ? » Ganelon lui réplique : « Ne prenez pas ce risque maintenant. Vous feriez massacrer vos païens. Ne faites pas de folie, mieux vaut être prudent. Comblez l'empereur de tant de biens qu'ils plongent tous les Français dans l'émerveillement. En

échange de vingt otages que vous lui enverrez, le roi
retournera en douce France. Mais il laissera derrière lui son arrière-garde avec, je crois bien, son
neveu Roland et Olivier, le vaillant et le courtois.
Les comtes sont morts si l'on veut me croire.
Charles verra s'effondrer son immense orgueil et
n'aura jamais plus envie de vous faire la guerre. »

44 [v. 580-595]

« Bon seigneur Ganelon [...], comment pourrai-
je faire tuer Roland ? » Ganelon lui répond : « À mon
avis, rien de plus facile. Le roi sera aux meilleurs
défilés de Roncevaux ; il aura laissé son arrière-
garde derrière lui avec le puissant comte Roland et
Olivier qui a toute sa confiance. Ils ont avec eux
vingt mille Français. Envoyez-leur cent mille de
vos païens qui leur livreront une première bataille.
Les Français auront des blessés et y laisseront des
leurs mais, je ne le nie pas, il y aura aussi massacre
des vôtres. Livrez-leur ensuite une seconde bataille
et, soit dans l'une soit dans l'autre, Roland suc-
combera. Alors vous aurez accompli une belle
prouesse et de toute votre vie vous n'aurez plus de
guerre. »

45 [v. 596-602]

« Celui qui pourrait supprimer Roland priverait
Charles de son bras droit. Ainsi disparaîtraient ses
fameuses armées ; jamais Charles ne reconstituerait
de si grandes forces et la Terre des Aïeux connaîtrait
une paix sans fin. » À ces mots, Marsile l'embrasse

sur le cou, puis il commence à faire apporter ses
trésors.

[v. 603-608]   46

Puis il ajoute : « [...] Un conseil n'est utile que si
l'on peut en tirer profit [... ?]. Jurez-moi que vous
allez trahir Roland. » Ganelon répond : « Que votre
volonté soit faite ! » Sur les reliques de son épée
Murgléis il jure de trahir et devient ainsi un traître.

[v. 609-616]   47

Il y avait là un trône en ivoire. Marsile fait ex-
poser devant lui un livre dans lequel on lisait la
doctrine de Mahomet et de Tervagant. Voici le serment : le Sarrasin d'Espagne jure que, s'il trouve
Roland à l'arrière-garde, il le combattra avec toute
son armée et que, s'il le peut, il est bien certain
qu'il le tuera. Ganelon conclut : « Que vos désirs se
réalisent ! »

[v. 617-626]   48

À ce moment arrive un païen appelé Valdabrun.
Il va trouver Marsile. Avec un rire sonore il dit à
Ganelon : « Prenez mon épée : il n'y en a pas de
meilleure. La garde vaut plus de mille mangons.
Par amitié, bon seigneur, je vous la donne pour
que vous nous aidiez à trouver le vaillant Roland à
l'arrière-garde. — Ce sera fait et bien fait », affirme
le comte Ganelon. Puis ils s'embrassent visage et
menton.

Arrive alors un païen appelé Climorins. Avec un rire sonore il dit à Ganelon : « Prenez mon casque : jamais je n'en ai vu de meilleur [...]. Aidez-nous à trouver le moyen de déshonorer le seigneur Roland. — Ce sera fait et bien fait », affirme Ganelon. Puis ils s'embrassent bouche et visage.

Arrive alors la reine Bramimonde. « Je vous aime beaucoup, seigneur, dit-elle au comte, car mon seigneur et tous ses vassaux vous ont en grande estime. Je vais envoyer à votre femme deux colliers d'or, d'améthystes et de grenats. Ils surpassent toutes les richesses de Rome. Jamais votre empereur n'en a eu de si précieux. » Ganelon les prend et les fourre dans sa botte.

Puis le roi appelle Mauduit son trésorier : « Le trésor de Charlemagne est-il préparé ? — Mais oui, sire, répond-il, parfaitement : sept cents chameaux chargés d'or et d'argent et vingt otages des plus nobles qui soient au monde. »

Marsile prend Ganelon par l'épaule et lui dit : « Vous êtes plein de vaillance et de sagesse. Au nom de votre religion, que vous croyez la plus sainte, veillez à nous conserver vos bons sentiments. Je tiens à vous combler de mes biens : dix mulets chargés de l'or le plus fin d'Arabie et chaque année sans exception je vous en donnerai tout autant. Prenez les clefs de cette grande ville et offrez-en l'immense richesse au roi Charles, puis faites-moi désigner Roland à l'arrière-garde. Si je parviens à le trouver à un col ou à un défilé, nous nous battrons à mort. » Ganelon conclut : « Je crois que je m'attarde trop ! » Il enfourche alors son cheval et le voilà parti.

[v. 661-668]   53

L'empereur se rapproche de son pays. Il entre dans la ville de Galne que le comte Roland avait prise et détruite. Dès lors elle est restée cent ans déserte. Le roi attend des nouvelles de Ganelon et le tribut de l'Espagne, ce grand pays. Le matin, aux premières lueurs de l'aube, Ganelon arrive au camp.

[v. 669-702]   54

L'empereur s'est levé de très bon matin. Il a écouté messe et matines. Sur l'herbe verte il se tient debout devant sa tente. Il y avait là Roland, le vaillant Olivier, le duc Naimes et bien d'autres encore. Ganelon s'approche, lui le traître, le parjure. Il adresse au roi des paroles d'une grande perfidie : « Salut au nom de Dieu ! Voici les clefs de Saragosse. Je vous en fais apporter un grand trésor et vingt otages à surveiller de près. De plus, le noble roi Marsile vous demande de ne pas le blâmer à propos du calife. Je l'ai vu de mes propres yeux se diriger vers la mer, accompagné de quatre cent mille hommes en armes, revêtus de leurs cuirasses et beaucoup le casque lacé, l'épée à la garde d'or niellée au côté. Ils fuyaient Marsile à cause de la religion chrétienne qu'ils ne voulaient ni recevoir, ni pratiquer. Avant d'avoir navigué quatre lieues, la tempête et l'orage les saisirent. Ils ont été noyés et vous n'en verrez jamais plus un seul. Si le calife avait survécu, je vous l'aurais amené. Quant au roi païen, sire, soyez-en persuadé, ce mois-ci ne se passera pas avant qu'il ne vous suive dans le royaume de France. Il se convertira à la religion que vous faites respecter et, les mains jointes, il deviendra votre vassal et recevra de vous le royaume d'Espagne. » Le roi Charles lui répond : « Que Dieu en soit remercié ! Vous avez bien servi mes intérêts ; vous recevrez une très belle récompense. » Alors à travers toute l'armée retentissent les sonneries de mille clairons. Les Français lèvent le camp, chargent leurs bêtes de somme et tous reprennent le chemin de la douce France.

55   [v. 703-716]

Charlemagne a dévasté l'Espagne, il s'est emparé des châteaux et a pris d'assaut les villes. Il se dit qu'il a mis fin à sa guerre et il retourne à cheval vers la douce France. Le comte Roland a fixé sa bannière à sa lance et au sommet d'une butte il la dresse vers le ciel. Les Français installent leur campement dans toute la région. Les païens, eux, chevauchent à travers les larges vallées. Ils sont magnifiquement équipés, cuirassés, [...] casqués, leur épée au côté, leur bouclier au cou, leur lance toute prête. Ils font halte dans une forêt au sommet des montagnes. Ils sont quatre cent mille à attendre l'aurore. Mon Dieu ! Quel malheur que les Français l'ignorent !

[v. 717-724]   56

Le jour se perd dans la nuit qui se forme. Charles le puissant empereur dort profondément. Il rêve qu'il se trouve aux plus grands défilés de Roncevaux, sa lance de frêne entre les mains. Mais le comte Ganelon la lui arrache ; il la secoue si violemment qu'il en fait voler les éclats en l'air. Charles dort si profondément qu'il ne se réveille pas.

[v. 725-736]   57

À cette vision s'en ajoute une autre. Il est dans le pays des Francs, à Aix, dans sa chapelle. Mais un ours cruel le mord au bras droit, tandis que du côté de l'Ardenne il voit venir un léopard qui s'en prend à lui férocement. Alors du fond de la salle un lévrier sautant et bondissant fonce pour rejoindre Charles. Il tranche l'oreille droite de l'ours puis se jette rageusement sur le léopard. Les Français se disent qu'ils assistent à une terrible bataille. Mais ils ne savent qui la gagnera. Charles dort profondément et ne se réveille pas.

La nuit se perd dans la clarté de l'aube naissante. Dans les rangs de son armée [...], l'empereur Charles chevauche très fièrement. « Seigneurs chevaliers, déclare-t-il, vous avez devant vous cols et défilés étroits, eh bien, désignez-moi celui qui commandera l'arrière-garde. » Ganelon prend la parole : « Ce sera Roland, mon beau-fils. Vous n'avez pas de seigneur plus brave que lui. » À ces mots, Charlemagne le regarde d'un air dur et lui dit : « Vous êtes le diable en personne ! Une rage mortelle vous habite. Et qui me précédera à l'avant-garde ? » Ganelon lui répond : « Ogier de Danemark : Vous n'avez pas de seigneur capable de mieux faire. »

Le comte Roland quand il s'entend désigner parle en chevalier : « Seigneur mon parâtre, je dois avoir beaucoup d'affection pour vous : c'est vous qui m'avez fait désigner pour l'arrière-garde ! Charles, le maître de la France, n'y perdra, je crois, ni cheval de voyage, ni cheval de bataille, ni mulet, ni mule qu'il doive monter, ni cheval de bât, ni bête de somme sans qu'auparavant il soit pris à la pointe de l'épée. » Ganelon lui répond : « Je sais bien que vous dites la vérité. »

Quand Roland s'entend désigner pour l'arrière-garde il se déchaîne contre son parâtre : « Ah vaurien, traître de sale race, tu t'es imaginé que je laisserais tomber le gant comme tu l'as fait pour le bâton devant Charles ! »

« Juste empereur, continue le vaillant Roland, donnez-moi l'arc que vous avez en main. On ne me reprochera pas, je crois, de le laisser tomber comme il est arrivé quand Ganelon reçut le bâton dans sa main droite. » À cette remarque, l'empereur baisse la tête. Il lisse sa barbe et tortille sa moustache, mais il ne peut retenir ses larmes.

Puis Naimes, le meilleur vassal de la cour, arrive et déclare au roi : « Vous l'avez entendu. Le comte Roland est vraiment furieux de se voir confier l'arrière-garde. Aucun de vos seigneurs n'y pourra rien changer. Confiez-lui l'arc que vous avez tendu et trouvez-lui quelqu'un capable de bien l'assister. » Le roi lui donne l'arc et Roland le prend.

L'empereur appelle son neveu Roland : « Bon seigneur, mon neveu, vous le savez parfaitement c'est la moitié de mon armée que je vous donnerai

Veillez bien sur ces soldats car ils sont votre salut. »
Le comte refuse : « Non ! je n'en ferai rien. Que
Dieu me perde si je trahis l'honneur de ma famille !
Mais je garderai avec moi vingt mille Français des
plus braves. Franchissez les défilés en toute sécurité : moi vivant vous auriez tort de craindre qui
que ce soit. »

64 [v. 792-802]

Le comte Roland a enfourché son cheval de bataille. À ses côtés se rangent Olivier ainsi que Gérin
et le valeureux comte Gérier, Oton, Bérenger, Astor
et le farouche Anseïs, le vieux Gérard de Roussillon
et le puissant duc Gaifier. L'archevêque prend la
parole : « J'irai, par ma tête ! — Et moi avec vous,
ajoute le comte Gautier. Je suis le vassal de Roland,
je ne dois pas l'abandonner. » Parmi leurs compagnons, ils choisissent vingt mille chevaliers.

65 [v. 803-813]

Le comte Roland appelle Gautier de l'Hum :
« Prenez mille hommes de France, notre pays, pour
occuper les défilés et les hauteurs : que l'empereur
n'y perde pas un seul des siens. » Gautier lui répond : « Pour vous je dois bien le faire. » Avec mille
Français de France, leur patrie, Gautier sort des
rangs et traverse défilés et hauteurs. Recevrait-il les
pires nouvelles, il n'en descendra pas avant que
sept cents épées n'aient été dégainées. Le roi Alma-
ris du royaume de Belferne lui livra ce jour-là une
effroyable bataille.

Hautes sont les montagnes, ténébreuses les vallées, sombres les rochers, sinistres les défilés. Ce jour-là les Français les traversent au prix de grandes souffrances. On entend le bruit sourd de l'armée à quinze lieues à la ronde. Quand ils arrivent à la Terre des Aïeux, ils découvrent la Gascogne, le pays de leur seigneur. Alors le souvenir leur revient de leurs fiefs, de leurs domaines, des jeunes filles de chez eux et de leurs nobles épouses. Pas un seul qui ne pleure d'attendrissement. Plus que tout autre, Charlemagne est serré par l'angoisse parce qu'il a laissé son neveu aux défilés d'Espagne. Pris par l'émotion, il ne peut retenir ses larmes.

Les douze pairs sont restés en Espagne avec une troupe de vingt mille Français. Ils sont sans crainte et sans peur devant la mort. Mais l'empereur, lui, s'en retourne en France et sous son manteau il dissimule sa douleur. Le duc Naimes, à cheval à ses côtés, lui demande : « D'où vient votre peine ? » Charlemagne lui répond : « Il me blesse celui qui me pose cette question. Ma douleur est si grande que je ne peux retenir mes larmes. La France sera détruite par Ganelon. Cette nuit même, un ange m'a envoyé une vision. Entre mes mains, Ganelon brisait ma lance et il a désigné pour l'arrière-garde mon neveu que j'ai abandonné dans une province

frontière, en pays étranger. Mon Dieu ! si je viens
à le perdre, plus jamais je ne retrouverai son pareil. »

68   [v. 841-859]

Charlemagne ne peut retenir ses larmes. Cent
mille Français éprouvent pour lui un profond attendrissement et pour Roland une peur étrange. Le
perfide Ganelon l'a trahi. En retour le roi païen l'a
couvert de cadeaux : or, argent, vêtements de soie
et d'or, mulets, chevaux, chameaux et lions. Marsile fait alors venir d'Espagne les seigneurs, comtes,
vicomtes, ducs, généraux victorieux, émirs et fils de
grands vassaux. Il en rassemble quatre cent mille en
trois jours et fait battre ses tambours à Saragosse.
On dresse la statue de Mahomet sur la plus haute
des tours et tous les païens le prient et l'adorent.
Puis en forçant leurs chevaux, ils traversent la Terre
Certaine, les vallées, les montagnes et ils aperçoi-
vent les bannières des Français. L'arrière-garde des
douze compagnons ne leur refusera certainement
pas la bataille.

69   [v. 860-873]

Le neveu de Marsile s'avance le premier sur un
mulet qu'il touche d'un bâton et il dit à son oncle
en riant : « Sire, mon bon roi, je vous ai si longtemps
servi au prix de tant de peines et de tourments. J'ai
livré et gagné tant de batailles. Accordez-moi une
récompense : le droit de porter le premier coup à
Roland. Je le tuerai de mon épieu tranchant. Si
Mahomet veut bien me protéger, je libérerai toutes

les régions du pays, des défilés d'Espagne jusqu'à Durestant. Charles se lassera et les Français déposeront les armes. Alors, plus jamais vous n'aurez de guerre de toute votre vie. » Pour ces paroles le roi Marsile lui donne le gant.

Le neveu de Marsile tient le gant dans sa main. Il adresse à son oncle des paroles pleines d'orgueil : « Sire, mon bon roi, vous m'avez fait un grand cadeau. Choisissez-moi douze de vos seigneurs et avec eux je combattrai les douze pairs. » Le premier de tous, Falsaron, frère de Marsile, lui répond : « Seigneur, mon bon neveu, nous irons tous deux. Oui vraiment nous livrerons cette bataille : l'arrière-garde de la grande armée de Charles, il est dit que nous l'écraserons. »

De l'autre côté, il y a le roi de Barbarie, Corsalis, qui est expert en maléfices. Ses paroles sont celles d'un courageux vassal et pour tout l'or de Dieu il ne voudrait pas être un lâche [...]. Mais voici venir à toute allure Malprimis de Brigant qui court plus vite qu'un cheval. Arrivé devant Marsile il crie à tue-tête : « Je vais aller à Roncevaux ; si je trouve Roland je ne lâcherai pas avant de l'avoir abattu ! »

Il y a là un émir de Balaguer, un très bel homme
au visage hardi et au teint clair. Dès qu'il est en selle
il s'enorgueillit de porter ses armes. Sa bravoure lui
vaut une grande réputation. S'il était chrétien, ce
serait un vaillant guerrier. Il s'écrie devant Marsile : « J'irai à Roncevaux ! Si je trouve Roland c'en
est fait de lui ainsi que d'Olivier et de tous les douze
pairs. Les Français mourront dans la souffrance et
la honte. Charlemagne est gâteux et radote. Il sera
lassé de vous faire la guerre et l'Espagne restera
entièrement libre en votre possession. » Pour ces
paroles le roi Marsile le remercie beaucoup.

Il y a là un général de Moriane. C'est le plus traître de toute l'Espagne. Devant Marsile il lance sa
bravade : « À Roncevaux je conduirai ma compagnie : vingt mille hommes armés de boucliers et de
lances. Si je trouve Roland, je me porte garant de
sa mort. Tous les jours de sa vie Charlemagne s'en
lamentera. »

D'un autre côté se trouve Turgis de Tortelose. Il
est comte et maître de la ville. Il souhaite la mort
des chrétiens. Devant Marsile il se joint aux autres.
Il déclare au roi : « N'ayez aucune crainte ! Mahomet est de beaucoup supérieur à saint Pierre de
Rome. Si vous êtes à son service, l'honneur nous

reviendra sur le champ de bataille. À Roncevaux j'irai attaquer Roland et personne ne pourra le sauver de la mort. Voyez mon épée : elle est robuste et longue. Je veux qu'elle s'affronte à Durendal. Vous apprendrez bien laquelle triomphera. Si les Français s'aventurent contre nous ils sont perdus. Le vieux Charles en éprouvera de la douleur et de la honte. Plus jamais ici-bas il ne portera sa couronne. »

[v. 931-939] **75**

De l'autre côté il y a Escremiz de Valterne. C'est un Sarrasin et Valterne est son domaine. Devant Marsile il clame dans la foule : « À Roncevaux j'irai écraser leur orgueil. Si je trouve Roland il ne repartira pas la tête sur les épaules, pas plus qu'Olivier qui commande aux autres. Les douze pairs sont tous voués à leur perte. La France en restera exsangue et Charles sera privé de ses courageux vassaux. »

[v. 940-954] **76**

D'un autre côté il y a un païen Esturgant et, avec lui, un de ses compagnons Estramariz. Tous deux sont des fourbes et des traîtres finis. Marsile leur demande : « Seigneurs, approchez ! Vous irez à Roncevaux, au passage des défilés et vous aiderez à conduire mes hommes. » Tous deux répondent : « À vos ordres ! Nous assaillirons Olivier et Roland. Les douze pairs ne pourront rien contre la mort. Nos épées sont robustes et affilées. Nous les teindrons en rouge vif de sang encore tout chaud. Les

Français vont mourir et Charles en sera accablé de douleur. Nous vous remettrons en cadeau la Terre des Aïeux. Venez là-bas, sire, et vous le verrez vraiment. C'est l'empereur dont nous vous ferons présent. »

77 [v. 955-974]

Alors Margariz de Séville arrive en courant. Il est maître du pays jusqu'aux Cazmarines. Sa beauté lui vaut les faveurs des dames. Aucune ne peut le voir sans que son visage ne s'épanouisse. Aucune ne peut s'empêcher de rire avec lui. Il n'y a pas de païen qui soit aussi bon chevalier. Il pénètre dans la foule et il couvre la voix des autres en criant au roi : « N'ayez aucune crainte, j'irai à Roncevaux tuer Roland et Olivier non plus ne restera pas en vie. Les douze pairs aussi sont voués au massacre. Voyez mon épée avec sa garde d'or ; elle m'a été envoyée par l'émir de Primes. Je vous en donne ma parole, elle sera trempée dans le sang rouge vif. Les Français vont mourir et la France sombrera dans le déshonneur. Le vieux Charles à la barbe fleurie ne passera plus de journée sans souffrance ni fureur. Avant un an nous aurons pris possession de la France et nous pourrons coucher au bourg de Saint-Denis. » Le roi païen s'incline profondément.

78 [v. 975-993]

De l'autre côté il y a Chernuble de Munigre dont les cheveux tombent jusqu'à terre. Pour s'amuser il lui arrive de porter un fardeau plus lourd que celui de quatre mulets bien chargés. Le pays dont il est, dit-il, ne voit ni luire le soleil, ni pousser le blé, ni tomber la pluie, ni se déposer la rosée. Toutes les pierres y sont noires, et, d'après certains, c'est là le lieu de séjour des diables. Chernuble déclare : « J'ai ma bonne épée à ma ceinture et, à Roncevaux, je la teindrai en rouge vif. Si je trouve le vaillant Roland sur mon chemin et que je ne l'attaque pas, je ne mérite plus que l'on me croie. Je conquerrai Durendal avec mon épée. Les Français mourront et la France en restera exsangue. » À ces mots les douze pairs se rassemblent et emmènent avec eux cent mille Sarrasins ardents et impatients de combattre. Ils vont s'armer dans un bois de sapins.

Les païens s'arment de cuirasses sarrasines dont la plupart ont trois épaisseurs de mailles ; ils lacent leurs bons casques de Saragosse. Ils mettent à leur côté leurs épées d'acier viennois, portent des boucliers résistants, des épieux de Valence et leurs bannières sont blanches, bleues et rouges. Ils abandonnent mulets et chevaux de voyage pour enfourcher leurs chevaux de bataille et avancent en rangs serrés. C'était par une radieuse journée éclatante de soleil. Toutes leurs armures lancent des reflets. Mille clairons sonnent pour que ce soit plus beau. Le tumulte est grand, les Français l'entendent. Olivier dit alors à Roland : « Seigneur mon ami, je crois bien que nous aurons à livrer bataille contre les Sarrasins. » Roland lui répond : « Eh bien, que Dieu nous l'accorde ! Nous avons le devoir de rester ici pour notre roi. Pour son seigneur le vassal doit supporter les pires souffrances : endurer chaleurs brûlantes et froids rigoureux, perdre cuir et poil. Allez, que chacun s'applique à frapper de grands coups pour qu'on ne chante pas sur nous de mauvaise chanson ! Les païens sont dans leur tort, les chrétiens dans leur droit. Jamais mauvais exemple ne viendra de moi. »

80 [v. 1017-1027]

Olivier est monté sur une hauteur [...]. Il regarde sur sa droite et, à travers une vallée verdoyante, il voit venir la grande armée des païens. Du coup, il appelle son ami Roland : « Du côté de l'Espagne, quelle rumeur j'entends monter, que de cuirasses blanches, que de casques flamboyants ! Ces païens vont faire cruellement souffrir nos Français. Ganelon le savait, le lâche, le traître, lui qui nous a désignés devant l'empereur. — N'en dis rien, Olivier, lui répond le comte Roland. Il est mon parâtre et je ne veux pas que tu dises un seul mot à son sujet. »

81 [v. 1028-1038]

Olivier est monté sur une hauteur d'où il domine alors largement le royaume d'Espagne. Il voit l'immense rassemblement des païens, leurs casques brillants aux pierreries serties dans l'or, leurs cuirasses couleur de safran, leurs épées, leurs bannières fixées aux hampes. Il ne peut même pas faire le compte des bataillons : il y en a tant qu'il ne peut en évaluer le nombre. Il en est intérieurement tout bouleversé. Il descend en courant le plus vite possible pour rejoindre les Français auxquels il décrit tout.

[v. 1039-1048]   82

Olivier leur déclare : « J'ai vu les païens. Jamais personne au monde n'a pu en voir davantage. Ils sont devant nous cent mille avec leurs boucliers, leurs casques lacés, revêtus de leurs cuirasses blanches, leurs hampes droites, leurs épieux bruns et brillants. Vous allez livrer une bataille comme il n'y en a jamais eu, Seigneurs français, que Dieu vous communique sa force ! Tenez bon sur le terrain pour que nous ne soyons pas vaincus. » Les Français lui répondent : « Honte à qui prendra la fuite. Devant la mort, chacun sera présent. »

[v. 1049-1058]   83

Olivier reprend : « Les païens ont des troupes considérables et les nôtres me semblent bien minces. Ami Roland, sonnez donc de votre cor. Charles l'entendra et l'armée fera demi-tour. » Mais Roland réplique : « Ce serait une folie et en douce France je perdrais ma réputation. Sans attendre je vais frapper de grands coups avec Durendal et sa lame en sera trempée de sang jusqu'à l'or de la garde. C'est pour leur malheur que ces traîtres de païens sont venus aux défilés. Je vous en donne ma parole, tous sont condamnés à mort. »

« Ami Roland, sonnez donc de votre cor. Charles l'entendra et fera revenir l'armée. Le roi viendra à notre secours avec tous ses chevaliers. » Mais Roland lui réplique : « Qu'il ne plaise à Dieu, notre Seigneur, que l'on blâme mes parents par ma faute ni que la douce France sombre dans le déshonneur. Mais je frapperai avec force de Durendal, ma bonne épée que je porte à mon côté. Vous en verrez la lame toute rouge de sang. Les païens ces traîtres se sont rassemblés ici pour leur perte. Je vous en donne ma parole, tous sont destinés à la mort. »

« Roland, mon ami, sonnez de votre cor. Charles l'entendra, lui qui traverse les défilés. Je vous le garantis, les Français feront aussitôt demi-tour. — À Dieu ne plaise, réplique Roland, que personne au monde dise jamais que j'ai sonné du cor pour des païens. Mes parents n'encourront jamais ce reproche. Quand je serai au cœur de l'immense bataille et que je frapperai des milliers de coups, vous verrez l'acier de Durendal tout trempé de sang. Les Français sont courageux, ils frapperont vaillamment ; jamais ceux d'Espagne ne seront protégés de la mort. »

Mais Olivier lui répond : « Je ne vois pas pourquoi on vous blâmerait. Moi j'ai vu les Sarrasins d'Espagne. Ils submergent les vallées, les montagnes, les collines et toutes les plaines. Immenses sont les armées de cette race étrangère et nous, nous n'avons qu'une troupe bien mince. » Roland lui réplique : « Mon ardeur en redouble. Qu'il ne plaise ni à Dieu, notre Seigneur, ni à ses anges, que, par ma faute, la France perde son honneur ! Je préfère la mort à la honte ! Les rudes coups que nous frappons nous font mieux aimer de l'empereur. »

Roland est téméraire et Olivier réfléchi. L'un comme l'autre ont une merveilleuse bravoure. Une fois à cheval et en armes, jamais la peur de la mort ne leur fera esquiver la bataille. Les deux comtes sont courageux et leurs paroles fières. Les traîtres païens chevauchent pleins de fureur. Olivier remarque : « Roland, voyez leur nombre. Eux sont très près de nous mais Charles est bien trop loin. Vous n'avez pas daigné sonner de votre cor mais, si le roi était là, nous ne subirions pas de perte. Regardez là-haut vers les défilés d'Espagne. Vous pouvez voir : pitoyable est l'arrière-garde ; celui qui en fait partie ne sera jamais d'aucune autre. » Roland lui répond : « N'exagérez pas à ce point ! Maudit soit le cœur qui flanche dans la poitrine ! Nous tiendrons bon sur place. À nous les coups et les mêlées ! »

Quand Roland voit qu'on va livrer bataille, il devient plus féroce qu'un lion ou qu'un léopard. Il encourage les Français à grands cris et s'adresse à Olivier : « Seigneur, mon compagnon, mon ami, ne parle plus ainsi. L'empereur qui nous a laissé les Français a trié ces vingt mille hommes en sachant bien qu'il n'y avait pas un seul lâche parmi eux. Pour son seigneur le vassal doit supporter de grandes souffrances, endurer des froids rigoureux et des chaleurs brûlantes, perdre pour lui et son sang et sa chair. Frappe de ta lance et moi de Durendal, ma bonne épée, cadeau du roi. Si je meurs, celui qui l'aura pourra dire [...] qu'elle a appartenu à un noble guerrier. »

D'un autre côté l'archevêque Turpin éperonne son cheval et gravit une colline. Il s'adresse aux Français et voici son sermon : « Seigneurs chevaliers, Charles nous a laissés ici. Notre devoir est de mourir bravement pour notre roi. Aidez à maintenir la chrétienté. Vous aurez la bataille, vous en êtes tous sûrs, car vous voyez les Sarrasins de vos propres yeux. Confessez vos péchés et demandez pardon à Dieu. Je vous donnerai l'absolution pour sauver vos âmes. Si vous mourez vous deviendrez des saints martyrs et vous aurez votre place tout en haut du Paradis. » Les Français descendent de cheval et se prosternent face contre terre. Puis l'archevêque leur donne sa bénédiction au nom de Dieu et, en guise de pénitence, il leur ordonne de frapper.

[v. 1139-1151]   90

Les Français se redressent et se remettent debout. Les voilà bien absous et lavés de leurs péchés. L'archevêque, au nom de Dieu, a fait sur eux le signe de la croix. Puis ils sautent en selle sur leurs rapides chevaux de combat. Ils sont armés en chevaliers et tous équipés pour la bataille. Le comte Roland appelle Olivier : « Seigneur, mon ami, vous le saviez fort bien que Ganelon nous avait tous trahis pour de l'or, des richesses et de l'argent. L'empereur devrait avoir à cœur de nous venger. Le roi Marsile a monnayé nos vies. Mais il aura à les payer en coups d'épée. »

[v. 1152-1169]   91

Roland traverse les défilés d'Espagne sur Veillantif son bon cheval rapide. Il porte ses armes avec beaucoup de grâce. Le voici, le noble seigneur, qui brandit sa lance dont il tourne le fer vers le ciel. À la pointe est fixée une bannière toute blanche dont les franges lui battent les mains. Il a le corps harmonieux, le visage clair et souriant. Son compagnon le suit et les Français le proclament leur protecteur. Son regard est féroce pour les Sarrasins, mais modeste et doux pour les Français auxquels il dit amicalement : « Seigneurs chevaliers avancez doucement au pas. Ces païens recherchent leur massacre. Aujourd'hui nous ferons un grand et riche butin. Aucun roi de France n'en a jamais eu d'un tel prix. » Sur ces paroles les deux armées se rejoignent.

92

[v. 1170-1187]

Olivier dit à Roland : « Les mots ne m'intéressent plus. Vous n'avez pas daigné sonner de votre cor et par suite Charles n'est pas là. Il n'est au courant de rien et lui, le vaillant empereur, n'a commis aucune faute. Ceux qui sont là ne méritent aucun reproche. Chevauchez donc de toutes vos forces. Seigneurs chevaliers, tenez ferme dans la bataille. Au nom de Dieu, je vous en prie, ne pensez qu'à frapper : à coup reçu coup rendu. Le cri de guerre de Charles, nous ne devons pas l'oublier. » À ces mots les Français le clament. Celui qui les aurait alors entendus crier « Montjoie » ne pourrait oublier leur bravoure. Puis ils chevauchent, Dieu ! et avec quelle fière allure ! Ils piquent des deux pour forcer leur course. Ils vont frapper, que pourraient-ils faire de mieux ? Mais les Sarrasins n'en ont pas peur. Voici que s'affrontent Français et païens.

93

[v. 1188-1212]

Le neveu de Marsile se nomme Aelroth. Le tout premier, il chevauche en tête de l'armée et il lance à nos Français des paroles injurieuses : « Traîtres Français, aujourd'hui vous allez vous mesurer aux

nôtres. Il vous a trahis, celui qui devait vous protéger. Il est fou, le roi qui vous a abandonnés aux
défilés. Aujourd'hui même, la douce France va perdre sa réputation et Charlemagne son bon droit. »
En entendant ces mots, Dieu, quelle souffrance en
éprouve Roland ! Il éperonne son cheval et le laisse
courir à bride abattue. Le comte s'élance pour
frapper le païen de toutes ses forces. Il brise son
bouclier, entaille sa cuirasse, ouvre sa poitrine, fra-
casse ses os et sépare entièrement la colonne verté-
brale de son dos. Puis de sa lance, il lui arrache
l'âme du corps. Il enfonce profondément le fer, fait
chanceler le buste et, d'un grand coup de lance, il
l'abat raide mort de son cheval. Il lui partage le
cou en deux moitiés, tout en ne manquant pas de
lui dire : « Va donc, vaurien ! Charles n'est pas fou
et il n'a jamais aimé les traîtres. Il a agi en brave en
nous laissant aux défilés. Ce n'est pas aujourd'hui
que la douce France perdra sa réputation. Frappez
sur eux, Français, nous avons gagné le premier
combat ! À nous le bon droit, à ces canailles le
tort. »

[v. 1213-1234]   94

Il y a là un duc du nom de Falsaron ; c'est le
frère du roi Marsile, il possède la terre de Dathan
et d'Abiron. Il n'existe pas au monde de pire traître.
Son front s'étale si largement entre ses deux yeux,
qu'on pouvait y mesurer un bon demi-pied. En
voyant son neveu mort il est écrasé de douleur. Il
sort de la foule, s'expose aux coups et pousse alors
le cri de guerre des païens. Il lance aux Français

cette terrible injure : « Aujourd'hui même, la douce
France perdra son honneur ! » À ces mots, Olivier
devient furieux. Il pique son cheval de ses éperons
dorés et court frapper son ennemi en vrai chevalier.
Il brise son bouclier, fend sa cuirasse, lui enfonce
dans le corps les pans de sa bannière et d'un grand
coup de lance le fait tomber raide mort de son
cheval. Il regarde à ses pieds la canaille étendue et
l'apostrophe violemment : « Je me moque bien de
vos menaces, vaurien. Frappez, Français, nous
aurons leur peau ! » Puis il lance « Montjoie » car
c'est le cri de guerre de Charles.

95 [v. 1235-1260]

Il y a là un roi du nom de Corsablix. Il est de
Barbarie, un pays lointain, et il appelle à lui les
autres Sarrasins : « Nous pouvons parfaitement tenir
bon dans cette bataille car les Français sont en
bien petit nombre et nous avons peu de cas à en
faire. Pas un seul ne sera sauvé par Charles. C'est
aujourd'hui le jour où ils devront mourir ! » L'archevêque Turpin l'a clairement entendu. Il n'y a
personne au monde qu'il veuille haïr davantage. Il
pique son cheval de ses éperons d'or pur et court le
frapper avec violence. Il brise son bouclier, met en
pièces sa cuirasse et lui plante son grand épieu en
plein milieu du corps. Il lui enfonce si bien le fer
qu'il l'ébranle à mort et, le frappant d'un grand
coup de lance, il l'abat raide mort sur le chemin.
Jetant un regard en arrière il voit la canaille étendue
et ne peut s'empêcher de lui dire quelques mots :
« Cochon de païen, vous venez de mentir ! Charles,

mon seigneur, est toujours notre protecteur. Nos
Français n'ont pas envie de fuir. Vos compagnons,
nous les stopperons tous sur place, sans exception.
Je vais vous apprendre une nouvelle : vous devez
subir la mort. Frappez, Français, qu'aucun de vous
ne faiblisse ! Nous avons gagné les premiers
combats, Dieu merci ! » Il crie « Montjoie » pour
marquer qu'il reste le maître du champ de bataille.

[v. 1261-1268]   96

Voici Gérin qui frappe Malprimis de Brigal. Son
robuste bouclier ne lui sert strictement à rien. Gérin
lui en brise la boucle de cristal dont il fait tomber
une moitié à terre. Il fend sa cuirasse et lui entame
la chair. Il lui fiche son bon épieu dans le corps. Le
païen s'abat comme une masse et Satan emporte
son âme.

[v. 1269-1274]   97

Voici son compagnon Gérier qui frappe l'émir.
Il brise son bouclier, déchiquette les mailles de sa
cuirasse, lui plante son bon épieu dans les entrailles.
Il l'enfonce profondément et le lui pousse au travers du corps si bien qu'il l'abat raide mort dans le
champ, d'un grand coup de lance. Olivier appré-
cie : « Comme elle est belle notre bataille ! »

[v. 1275-1280]   98

Le duc Sanson court frapper le général. Il brise
son bouclier décoré d'or et de fleurs. Sa robuste

cuirasse ne le protège guère puisqu'il lui perce le
cœur, le foie, le poumon et qu'il l'abat raide mort,
qu'on le déplore ou non. L'archevêque estime :
« Voilà le coup d'un vaillant guerrier ! »

99 [v. 1281-1288]

Voici Anseïs qui lâche la bride à son cheval et
court frapper Turgis de Tortelose. Il brise son bouclier au-dessous de la boucle dorée et fend sa cuirasse à doubles mailles. Il lui pousse dans le corps
la pointe de son épieu, l'enfonce profondément et
tout le fer lui traverse le dos. D'un grand coup de
sa lance, il le renverse raide mort dans le champ.
Roland s'écrie : « Voilà le coup d'un brave ! »

100 [v. 1289-1296]

Voici Engelier le Gascon de Bordeaux. Il éperonne son cheval, lui lâche la bride et court frapper
Escremiz de Valterne. Il brise le bouclier qu'il porte
au cou, le disloque, fend le haut de sa cuirasse,
l'atteint en pleine poitrine entre les deux épaules
et, d'un grand coup de lance, le fait tomber raide
mort de sa selle. Il conclut ensuite : « Vous voilà
condamné ! »

101 [v. 1297-1303]

Voici Oton qui frappe un païen, Estorgans, sur le
rebord supérieur de son bouclier dont il fait sauter le
rouge et le blanc. Il fend les pans de sa cuirasse et
lui plante dans le corps son bon épieu tranchant si

bien qu'il l'abat raide mort de son cheval lancé au galop. Puis il lui jette : « Maintenant personne ne vous protégera plus ! »

[v. 1304-1310]   102

Voici Bérenger qui frappe Astramariz dont il brise le bouclier, met en pièces la cuirasse et il lui enfonce son gros épieu au travers du corps si bien qu'il l'abat raide mort au milieu de mille Sarrasins. Sur les douze pairs sarrasins, dix ont été tués. Il ne reste que deux survivants : Chernuble et le comte Margariz.

[v. 1311-1319]   103

Margariz est un chevalier très courageux, beau, robuste, souple et alerte. Il éperonne son cheval et court frapper Olivier dont il brise le bouclier au-dessous de la boucle d'or pur. Il lui porte un coup d'épieu le long des côtes, mais Dieu le protège et la chair n'est pas atteinte. La hampe se brise sans qu'il soit renversé. Margariz le dépasse sans rencontrer d'obstacle et il sonne de sa trompe pour regrouper les siens.

[v. 1320-1337]   104

La bataille est prodigieuse et s'étend de toutes parts. Le comte Roland se dépense sans compter. Il frappe de son épieu aussi longtemps que la hampe résiste. Mais au quinzième coup, la voilà brisée et inutilisable. Alors il met à nu Durendal, sa bonne

épée. Il éperonne son cheval et court frapper Chernuble. Il brise son casque brillant d'escarboucles,
coupe à la fois sa coiffe [?] et ses cheveux, tranche
son visage entre ses deux yeux, sa cuirasse blanche
aux fines mailles et son corps tout entier jusqu'à
l'entrejambe. Traversant la selle incrustée d'or, la
trajectoire de l'épée s'arrête au cheval, puis elle
tranche son échine sans se soucier de chercher la
jointure et Roland l'abat raide mort sur l'herbe drue
du pré. « Vaurien, s'écrie-t-il, c'est pour votre malheur que vous êtes venu ici car Mahomet ne vous
protégera pas ! Ce n'est pas une canaille de votre
espèce qui gagnera la bataille aujourd'hui. »

105 [v. 1338-1350]

Le comte Roland traverse le champ de bataille
avec Durendal qui tranche et taille rudement. Il
fait un énorme massacre de Sarrasins. On aurait pu
le voir jeter les morts les uns sur les autres tandis
que le sang clair s'étalait sur le sol. Le sang couvre
sa cuirasse et ses bras et aussi l'encolure et les
épaules de son cheval. De son côté Olivier n'est
pas en retard pour frapper. Pas un reproche non
plus à adresser aux douze pairs. Les Français
frappent de tous côtés. Parmi les païens, les uns
meurent et d'autres s'évanouissent. L'archevêque
déclare : « Bénis soient nos chevaliers ! » Il lance
« Montjoie » car c'est le cri de guerre de Charles.

106 [v. 1351-1366]

Voici Olivier qui s'élance à cheval à travers la
mêlée. Mais sa hampe est brisée, il n'en reste plus

qu'un tronçon. Il court frapper un païen, Malsaron, dont il brise le bouclier orné d'or et de pierres précieuses. Puis il lui fait jaillir les deux yeux de la tête tandis que sa cervelle se répand jusqu'à ses pieds. Il l'abat raide mort à côté d'une multitude des siens. Puis il tue Turgis et Esturgos mais sa hampe se brise et se fend jusqu'à ses poings. « Que faites-vous, mon ami ? lui crie Roland. Dans une pareille bataille ce n'est pas un bâton qu'il me faut ; seuls le fer et l'acier valent quelque chose. Où est donc votre épée qu'on nomme Hauteclaire ? Sa garde est en or et son pommeau en cristal. — Je n'ai pas pu la dégainer, lui répond Olivier, j'avais trop à faire pour frapper ! »

[v. 1367-1378]   107

Le seigneur Olivier tire sa bonne épée que lui a tant réclamée son ami Roland. Il en montre l'usage comme un vrai chevalier. Il frappe un païen, Justin de Val Ferrée, dont il partage toute la tête en deux moitiés. Il tranche son corps, sa cuirasse couleur de safran, sa bonne selle ornée de pierres précieuses serties dans l'or et il fend aussi l'échine de son cheval. Puis il les abat tous deux raides morts devant lui dans le pré. Roland s'écrie : « Je vous reconnais bien là, mon frère ! Voilà les coups qui nous font aimer de l'empereur. » Partout retentit le cri de Montjoie.

[v. 1379-1395]   108

Le comte Gérin monte le cheval Sorel et son ami Gérier, Passecerf. Ils lâchent les brides, éperonnent tous deux avec violence et courent frapper un païen, Timozel, le premier sur le bouclier, le second sur la cuirasse. Ils brisent leurs deux épieux dans son corps, puis le renversent raide mort au milieu d'un guéret. Lequel des deux a été le plus expéditif, je ne l'ai pas entendu dire et je n'en sais rien [...]. Celui-là était le fils de Burdel [...] Puis l'archevêque leur tue l'enchanteur Siglorel qui avait déjà fait un voyage aux enfers grâce à la magie de Jupiter. Turpin s'exclame : « Celui-ci nous avait porté préjudice. » Et Roland lui répond : « Le vaurien est vaincu, Olivier mon frère, voilà les coups que j'aime ! »

109 [v. 1396-1411]

La bataille entre-temps est devenue acharnée. Francs et païens s'y portent des coups prodigieux. Les uns attaquent, les autres se défendent. Que de hampes brisées et ensanglantées, de bannières et d'enseignes arrachées ! Que de braves Français y sacrifient leur jeunesse ! Ils ne reverront plus ni mères, ni femmes, ni ceux de France qui les attendent aux défilés. Charlemagne en pleure et se lamente, mais à quoi bon ? Il ne leur enverra aucun secours. Ganelon l'a bien mal servi le jour où, à Saragosse, il a vendu tous les siens. Et pour cela il a ensuite perdu et la vie et les membres car l'assemblée d'Aix l'a condamné à être pendu et avec lui trente de ses parents qui ne prévoyaient pas cette mort.

La bataille est prodigieuse et exténuante. Roland et Olivier y frappent avec violence. L'archevêque rend les coups par milliers et les douze pairs ne perdent vraiment pas de temps. Dans ce combat les Français frappent tous en chœur. Les païens tombent par centaines, par milliers et celui qui ne prend pas la fuite n'a aucun recours contre la mort. Bon gré mal gré, ils y laissent leur vie. Mais les Français perdent là leurs meilleurs défenseurs. Ils ne reverront plus ni pères, ni parents, ni Charlemagne qui les attend aux défilés. Pendant ce temps en France éclate une tourmente qui tient du prodige : ouragans, tonnerre et vent, pluies et grêles extraordinaires ; la foudre tombe à coups redoublés : un véritable tremblement de terre. De Saint-Michel du Péril à Sens, de Besançon aux défilés de Wissant, pas un seul mur qui ne se fende. En plein midi règnent de noires ténèbres. Pas de lumière, sauf lorsque les éclairs fendent le ciel. Personne ne peut voir ce spectacle sans être rempli d'épouvante. Pour plusieurs c'est la consommation des temps, la fin du monde qui arrive. Mais ils ne savent pas et se trompent : c'est le deuil universel pour la mort de Roland.

Les Français frappent de tout leur cœur et de toute leur énergie ; les païens meurent par milliers et en masse. Sur cent mille, il n'y a pas deux survivants. L'archevêque s'écrie : « Nos hommes sont vraiment des braves et personne au monde n'en a de supérieurs. Il est écrit dans l'Histoire des Francs que notre empereur est très vaillant. » Les Français parcourent le champ de bataille à la recherche des leurs. Ils pleurent de douleur et de tendresse sur leurs parents, de tout leur cœur et de toute leur affection. C'est alors que le roi Marsile surgit devant eux avec sa grande armée.

112 [v. 1449-1466]

Marsile avance le long d'une vallée avec la grande armée qu'il a rassemblée. Il a compté vingt compagnies. Les casques brillent avec leurs pierres précieuses serties dans l'or ainsi que les boucliers et les cuirasses couleur de safran. Sept mille clairons sonnent la charge et le vacarme retentit dans tout le pays. Roland s'écrie alors : « Olivier, mon ami, mon frère, le traître Ganelon a juré notre mort. Maintenant il n'est plus possible de cacher la trahison mais l'empereur en tirera une terrible vengeance. Nous allons livrer une dure et violente bataille. Jamais personne n'a vu pareil affrontement. Moi je frapperai avec Durendal mon épée, et vous, mon ami, avec Hauteclaire. Nous les avons emportées dans tant de pays et, grâce à elles, nous avons mené à bien tant de batailles ! Il ne faut pas qu'elles inspirent de mauvaise chanson. »

113 [v. 1467-1486]

Quand Marsile voit le martyre des siens, il fait retentir ses cors et ses trompettes et s'avance à cheval avec la grande armée qu'il a levée. Au premier rang chevauche un Sarrasin, Abisme. C'est le plus traître de toute sa troupe. Il est souillé de vices et de grands crimes et ne croit pas en Dieu le fils de sainte Marie. Il est aussi noir que de la poix fondue. Il aime plus la trahison et le meurtre que tout l'or de Galice. Jamais personne ne l'a vu plaisanter ni rire. Mais il est brave, plein de témérité, ce qui lui vaut l'amitié du roi Marsile, ce traître. Abisme est le porteur du dragon auquel se rallie le peuple sarrasin. Jamais l'archevêque ne l'aimera. Dès qu'il le voit, il a envie de le frapper. À voix très basse, il se dit : « Ce Sarrasin me semble bien hérétique. Le mieux à faire est d'aller le tuer. Jamais je n'ai aimé ni n'aimerai les peureux et la peur. »

L'archevêque s'engage dans la bataille monté sur le cheval enlevé à Grossaille, le roi qu'il a tué au Danemark. C'est un cheval rapide et fringant : il a les sabots bien faits, les jambes plates, la cuisse courte, la croupe très large, les flancs allongés, l'échine très haute, la queue blanche, la crinière fauve, les oreilles petites, la tête entièrement rousse. Aucun autre animal ne le vaut à la course. L'archevêque l'éperonne et avec quelle vigueur ! Rien ne l'empêchera de se précipiter sur Abisme qu'il frappe sur son bouclier [d'émir ?] couvert de pierreries, d'améthystes, de topazes et d'escarboucles qui flamboient. Dans le Val Métas, un diable lui avait donné ce bouclier et l'émir Galafe l'avait transmis à Abisme. Turpin le frappe sans ménagement et après ce coup je ne crois pas que le bouclier vaille encore un denier. Il traverse le corps du Sarrasin de part en part et l'abat raide mort sur une place vide. Les Français s'écrient : « Quel courage ! La crosse est en lieu sûr dans les mains de l'archevêque. »

115 [v. 1510-1525]

Les Français découvrent l'immense multitude des païens qui submergent les champs de toute part. Souvent ils appellent à l'aide Olivier et Roland ainsi que les douze pairs pour demander leur protection. Alors l'archevêque leur dit sa manière de voir : « Seigneurs chevaliers, n'ayez pas de lâches pensées ! Au nom de Dieu, je vous en prie, ne fuyez pas pour qu'aucun homme courageux ne chante sur vous de vilaine chanson. Il vaut beaucoup mieux que nous mourions au combat. Nous sommes voués à une mort très proche ; passé ce jour nous ne serons plus en vie. Mais moi, je peux vous faire une promesse solennelle : le saint Paradis vous attend toutes portes ouvertes et vous aurez vos places auprès des Innocents. » Ces paroles apportent un tel réconfort aux Français que tous clament « Montjoie » !

116 [v. 1526-1544]

Il y a là un Sarrasin de Saragosse, possesseur de la moitié de la ville : Climborins est tout l'opposé d'un honnête homme. C'est lui qui a reçu le serment du comte Ganelon. Par amitié il l'a embrassé sur la bouche et lui a fait cadeau de son casque et de son escarboucle. Il couvrira de honte, assure-t-il, la Terre des Aïeux et à l'empereur il arrachera sa couronne. Il monte le cheval qu'il appelle Barbamouche : il est plus rapide qu'épervier ou hirondelle. Il l'éperonne vigoureusement, lui lâche la bride et court frapper Engelier de Gascogne. Ni bouclier, ni cuirasse ne sont capables de le protéger. Le Sarrasin lui plante dans le corps la pointe de son épieu, l'enfonce si profondément qu'il en fait sortir le fer de l'autre côté et, d'un grand coup de sa lance, l'abat raide mort à la renverse. Il s'écrie alors : « Cette sale race est bonne à détruire ! Frappez, païens, pour éclaircir leurs rangs ! » Les Français se lamentent : « Mon Dieu ! Quel malheur de perdre un homme aussi vaillant ! »

Le comte Roland appelle Olivier : « Seigneur, mon ami, Engelier vient de mourir ; c'était le plus vaillant de nos chevaliers. » Le comte lui répond : « Que Dieu me permette de le venger ! » Il pique son cheval de ses éperons d'or pur et brandit son épée Hauteclaire à l'acier sanglant. De toutes ses forces il se précipite pour frapper le païen, il assène son coup, le Sarrasin s'effondre et les démons emportent son âme. Ensuite Olivier tue le duc Alphaan, coupe la tête d'Escarbit, jette à terre sept Arabes qui ne vaudront plus grand-chose à la guerre. Roland constate : « Mon ami Olivier s'emporte ! À nous deux nous méritons de beaux éloges. De tels coups font que Charlemagne nous aime

davantage. Frappez, hurle Roland, frappez, chevaliers ! »

D'un autre côté se trouve un païen Valdabrun
qui avait armé chevalier le roi Marsile. Sur mer il
est le maître de quatre cents navires et tous les
marins sans exception sont à ses ordres. Déjà il
s'était emparé de Jérusalem par trahison, avait violé
le temple de Salomon et tué le patriarche devant
les fonts baptismaux. C'est Valdabrun qui avait
reçu le serment du comte Ganelon et lui avait fait
cadeau de son épée et de mille écus d'or. Il monte
le cheval qui s'appelle Gramimont, dont la course
est plus rapide que le vol du faucon. Il l'éperonne
vigoureusement de ses deux éperons pointus et
s'élance pour frapper le puissant duc Sanson. Il
brise son bouclier, fend sa cuirasse et lui enfonce
dans le corps les pans de sa bannière. Puis d'un
grand coup de lance il le désarçonne raide mort :
« Frappez, païens, car nous les massacrerons ! » Les
Français se lamentent : « Mon Dieu quel malheur
de perdre un tel seigneur ! »

Devant le cadavre de Sanson vous pouvez
comprendre la douleur du comte Roland. Il éperonne son cheval et fonce à toute allure sur le païen.
Il tient Durendal qui est plus précieuse que l'or
pur et court frapper le païen de toutes ses forces
sur son casque décoré de pierres précieuses serties

dans l'or. Il fend sa tête, sa cuirasse, son buste, sa selle robuste et entaille profondément le dos du cheval. Il les tue tous les deux, qu'il en soit blâmé ou félicité. Les païens se lamentent : « C'est pour nous un coup terrible ! » Mais Roland leur répond : « Je ne peux que détester les vôtres, car l'orgueil et les torts sont de votre côté. »

[v. 1593-1604]   120

Voici un Africain venu de son pays. C'est Malquiant, le fils du roi Malcud. Son armure est tout incrustée d'or et le soleil la fait étinceler plus que toutes les autres. Il monte un cheval qu'il nomme Saut-Perdu et qui est imbattable à la course. Malquiant court frapper Anseïs sur son bouclier dont il tranche tous les quartiers vermeils et bleu d'azur. Il fend les pans de sa cuirasse, il lui plante dans le corps et le fer et la hampe. C'est bel et bien la fin du comte. Les seigneurs français se lamentent : « Seigneur, quel malheur pour toi ! »

[v. 1605-1612]   121

L'archevêque Turpin parcourt le champ de bataille. Jamais la messe n'a été chantée par un prélat tonsuré dont le bras ait fait tant d'exploits. Il maudit le païen : « Que Dieu t'envoie tout le mal possible ! Tu as tué un homme dont la perte me crève le cœur. » Il lance son bon cheval, frappe le païen sur son bouclier de Tolède et l'abat raide mort sur l'herbe verte.

Voici qu'arrive d'un autre côté le païen Grandoine, fils de Capuel, roi de Cappadoce. Le cheval
qu'il monte et qu'il appelle Marmoire est plus
rapide à la course que l'oiseau en vol. Il lui lâche la
bride, l'éperonne et s'élance de toutes ses forces
pour frapper Gérin. Il brise son bouclier vermeil
qu'il lui arrache du cou ; puis il entaille sa cuirasse,
lui plante dans le corps toute sa bannière bleue et
l'abat raide mort sur un grand rocher. Il tue encore
son compagnon Gérier, Bérenger, Gui de Saint
Antoine ; puis il court frapper un duc puissant,
Austorge, seigneur de Valence [?] et Envers sur le
Rhône et l'abat raide mort. Les païens exultent mais
les Français se lamentent : « Quelle hécatombe dans
nos rangs ! »

Le comte Roland, son épée sanglante à la main, a
bien entendu les paroles de désespoir des Français.
Il éprouve une si violente douleur qu'il croit que
son cœur va éclater et il crie au païen : « Que
Dieu te comble de tout le mal possible ! Tu m'as
tué quelqu'un que je compte te faire payer bon
prix ! » Il éperonne son cheval, témoin de la dispute [?]. Quel que soit celui qui paiera, les voilà
aux prises.

Grandoine était brave, valeureux, courageux, plein d'ardeur et de bravoure au combat. Sur son chemin il rencontre Roland. Il ne l'avait encore jamais vu mais il le reconnaît sans hésitation à son visage farouche, à sa belle stature, à son regard, à son allure. Il ne peut dominer sa frayeur et veut fuir mais en vain. Le comte Roland le frappe et avec tant de vigueur qu'il fend son casque jusqu'au nasal, tranche son nez, sa bouche, ses dents, tout son buste en même temps que sa cotte de mailles, les deux bosses d'argent de sa selle dorée et profondément l'échine du cheval. Il les tue tous les deux et sans recours possible. Du coup, ceux d'Espagne se lamentent et se désolent tous mais les Français exultent : « Comme il sait bien frapper, notre champion ! »

La bataille est prodigieuse, son rythme se précipite. Les Français y frappent avec violence et fureur. Ils tranchent poings, côtés, échines, traversant les vêtements jusqu'aux chairs vives. Le sang clair ruisselle sur l'herbe verte : « Terre des Aïeux, s'écrient les païens, que Mahomet te maudisse ! Plus que toutes les races, la tienne est intrépide. » Pas un païen qui ne crie : « Roi Marsile, galope, nous avons besoin d'aide ! »

La bataille est prodigieuse et grandiose. Les Français y frappent de leurs épieux brunis. Quel spectacle que celui de tant de souffrance, de tant de morts, de tant de blessés couverts de sang ! Ils s'empilent pêle-mêle, les uns sur le dos, les autres face contre terre. Les Sarrasins ne peuvent en supporter davantage. Bon gré mal gré, ils abandonnent le champ de bataille et les Français les talonnent vigoureusement.

Le comte Roland appelle Olivier : « Seigneur, mon ami, convenez-en, l'archevêque est un excellent chevalier ; il n'a pas son égal au monde. Il s'y connaît en coups de lance et d'épieu. — Allons donc l'aider ! » répond Olivier. À ces mots les Français reprennent la bataille. Durs sont les coups, rude la mêlée ; les chrétiens souffrent terriblement. Quel spectacle alors de voir Roland et Olivier frapper et donner de grands coups d'épée, l'archevêque porter des coups d'épieu ! De ceux qu'ils ont tués, on peut sans se tromper évaluer le nombre car il est inscrit dans les chartes et les écrits : plus de quatre mille, d'après ce que nous dit l'Histoire. Aux quatre premiers assauts, le combat tourne à l'avantage des Français, mais ils supportent très péniblement le cinquième. Tous les chevaliers français sont tués à l'exception de soixante que Dieu épargne. Mais ceux-là, avant de mourir, ils feront chèrement payer leur vie.

Voyant le carnage des siens, le comte Roland appelle son ami Olivier : « Bon seigneur, cher ami, qu'en pensez-vous ? Que de bons vassaux vous voyez étendus à terre ! Nous pouvons avoir pitié de la belle et douce France. Privée de tels chevaliers, comme la voilà maintenant exsangue ! Ah ! roi bien-aimé, que n'êtes-vous ici auprès de nous ! Olivier, mon frère, comment pourrons-nous faire ? Comment nous y prendre pour lui envoyer des nouvelles ? » Olivier lui répond : « Je ne sais comment faire. Mais je préfère mourir plutôt que d'encourir la honte. »

Roland lui répond : « Je vais sonner du cor, Charles l'entendra, lui qui est en train de traverser les défilés. Je vous en donne ma parole : les Français reviendront aussitôt. » Mais Olivier lui rétorque : « Ce serait un grand déshonneur, on le reprocherait à tous vos parents et ce blâme pèserait sur toute leur vie. Quand je vous l'ai demandé, vous n'avez pas voulu le faire et ce n'est pas maintenant que vous agirez avec mon approbation. Sonner du cor ne serait pas courageux. Déjà vos deux bras sont couverts de sang ! » Le comte lui répond : « Oui, mais j'ai donné de fameux coups ! »

Roland reprend : « Notre combat est dur mais je sonnerai du cor et le roi Charles l'entendra. » Olivier réplique : « Ce ne serait pas du courage. Quand je vous l'ai demandé, mon ami, vous n'avez pas daigné le faire. Si le roi avait été ici, nous n'aurions subi aucune perte. Ceux qui sont là ne méritent pas de blâme. » Olivier s'emporte : « Par ma barbe, si je peux revoir Aude, ma noble sœur, jamais vous ne coucherez entre ses bras ! »

À Roland qui lui dit : « Pourquoi vous emporter contre moi ? » Olivier répond : « Mon ami, à vous la faute car la vaillance associée au bon sens n'est pas de la folie. La mesure vaut bien mieux que la témérité. Les Français sont morts à cause de votre inconscience. Pour toujours Charles sera privé de nos services. Si vous m'aviez cru, mon seigneur serait revenu et cette bataille nous l'aurions livrée ou gagnée [?]. Prisonnier ou mort, voilà ce que serait le roi Marsile. Votre vaillance, Roland, nous a été fatale ! Charlemagne ne recevra plus notre aide. Jamais plus il n'y aura un homme de sa valeur jusqu'au Jugement dernier. Vous allez mourir et la France y perdra son honneur. Aujourd'hui s'éteint notre loyale amitié. Avant la tombée du jour se fera notre douloureuse séparation. »

L'archevêque entend leur dispute. Il pique son cheval de ses éperons d'or pur, s'approche d'eux et les reprend : « Seigneur Roland et vous seigneur Olivier, au nom de Dieu, je vous en prie, pas de dispute ! Sonner du cor maintenant ne servirait plus à rien. Pourtant il vaut beaucoup mieux le faire : que le roi vienne et il pourra nous venger. Il ne faut pas que maintenant ceux d'Espagne repartent joyeux. Nos compagnons de France, quand ils descendront de cheval, nous trouveront morts et taillés en pièces. Ils mettront nos corps en bière et les emporteront sur des bêtes de somme. Ils verseront sur nous des larmes de douleur et de pitié. Ils nous enterreront en terre bénie près des églises. Ainsi ni les loups, ni les porcs, ni les chiens ne nous dévoreront. » Roland lui répond : « Seigneur, voilà qui est bien parlé. »

Roland a porté le cor à ses lèvres. Il l'embouche bien et sonne à pleins poumons. Les montagnes sont hautes et le son se prolonge dans le lointain. À plus de trente lieues, on en perçoit l'écho. Charles l'entend et toute son armée aussi. Le roi déclare : « Nos troupes livrent bataille ! » Mais Ganelon lui oppose : « Si quelqu'un d'autre vous le disait, vous penseriez que c'est un beau mensonge ! »

Le comte Roland haletant à grand-peine souffre
terriblement en sonnant du cor. Son sang clair
jaillit hors de sa bouche et ses tempes en éclatent.
La portée de son cor est très grande et Charles le
perçoit, lui qui est en train de franchir les défilés.
Le duc Naimes l'entend et les Français l'écoutent.
Le roi s'écrie : « J'entends le cor de Roland ! Jamais
il n'en aurait sonné s'il n'avait livré bataille. » Mais
Ganelon proteste : « Il n'y a pas de bataille ! Vous
êtes vieux et votre tête est toute blanche. De sem-
blables paroles vous font ressembler à un enfant.
Vous ne connaissez que trop le grand orgueil de
Roland. C'est même étonnant que Dieu le supporte
depuis si longtemps. Déjà il a pris Noples sans
votre ordre. Les Sarrasins assiégés ont tenté une
sortie pour combattre Roland le bon vassal. Alors
Roland fit laver à grande eau les prés pour que dis-
paraissent les taches de sang. Un seul lièvre suffit à
le faire sonner du cor toute la journée. En ce moment, il est en train de s'amuser devant ses pairs. Il
n'y a personne au monde qui oserait le provoquer
sur un champ de bataille. Continuez donc à
chevaucher ! Pourquoi vous arrêter ? La Terre des
Aïeux est bien loin devant nous. »

Le comte Roland a la bouche pleine de sang. Ses
tempes se sont rompues. Il sonne du cor avec douleur et à grand-peine. Charles l'entend et ses Français deviennent attentifs. Le roi s'exclame : « Ce

cor a une portée bien longue ! » Le duc Naimes lui explique : « C'est qu'un chevalier y met toutes ses forces ! D'après moi il livre bataille. Celui qui l'a trahi vous demande de manquer à votre devoir. Armez-vous et lancez votre cri de guerre. Allez au secours de vos nobles vassaux. Vous le comprenez bien : Roland est au désespoir ! »

[v. 1796-1806]   136

L'empereur a fait retentir ses cors. Les Français descendent de cheval et s'équipent : cuirasses, casques, épées ornées d'or, beaux boucliers, épieux grands et robustes, bannières blanches, rouges et bleues. Tous les seigneurs de l'armée enfourchent leurs chevaux de bataille. Ils les piquent vigoureusement des éperons pendant toute la traversée des défilés. Ils se disent tous entre eux : « Si nous pouvions voir Roland avant sa mort, avec lui nous frapperions de grands coups ! » Mais à quoi bon ? ils ont trop tardé.

[v. 1807-1829]   137

C'est par une fin d'après-midi brillante de lumière. Au soleil les armures resplendissent. Cuirasses et casques lancent des flammes ainsi que les boucliers décorés de fleurs, les épieux et les bannières dorées. L'empereur chevauche bouillant de colère et les Français sont remplis de chagrin et de fureur. Tous sanglotent, angoissés sur le sort de Roland. Le roi fait saisir le comte Ganelon et il le livre aux gens de sa cuisine. Il convoque Besgon leur grand chef : « Surveille-le-moi bien, comme il convient pour le traître qu'il est. Il a trahi tous les miens. » Besgon s'en empare, le livre à cent garçons employés à la cuisine, des meilleurs comme des pires, qui, poil à poil, lui arrachent la barbe et la moustache. Chacun le frappe de quatre coups de poing puis ils le rossent à coups de triques et de bâtons. Ils lui passent au cou un carcan et ils le lient à une chaîne comme un ours. Ils le hissent sur une bête de somme pour le couvrir de honte et le gardent jusqu'au jour où ils le remettront à Charles.

138   [v. 1830-1841]

Hautes, ténébreuses et imposantes sont les montagnes, profondes les vallées, impétueux les torrents. Les clairons sonnent à l'arrière comme à l'avant et tous font écho au cor de Roland. L'empereur chevauche bouillant de colère, et les Français remplis de fureur et de chagrin. Tous pleurent et se désespèrent. Ils prient Dieu qu'il sauve Roland jusqu'à ce qu'ils arrivent tous ensemble au champ de bataille : avec lui ils frapperont et de tout leur cœur. Mais à quoi bon ! Car c'est bien inutile. Ils sont partis trop tard et ne peuvent arriver là-bas à temps.

139   [v. 1842-1850]

Charlemagne chevauche bouillant de colère et sa barbe blanche s'étale sur sa cuirasse. Tous les seigneurs de France éperonnent leurs chevaux avec vigueur et tous montrent leur colère de ne pas être aux côtés de Roland, le chef qui combat contre les

Sarrasins d'Espagne. Mais celui-ci est si mal en point que je ne crois pas que son âme demeure dans son corps. Quels héros, mon Dieu, que ses soixante derniers compagnons ! Jamais roi ni chef n'en eut de meilleurs.

Roland parcourt du regard les monts et les collines. Il voit d'innombrables Français morts, étendus à terre et il les pleure en noble chevalier : « Seigneurs chevaliers, que Dieu vous prenne en pitié ! Qu'il ouvre son Paradis à l'âme de chacun de vous. Qu'il les couche parmi les saintes fleurs. De meilleurs vassaux que vous je n'en ai jamais vu ! Vous m'avez servi si longtemps sans trêve et sans répit ! Vous avez conquis pour Charles de si vastes pays ! C'est pour le malheur que Charles vous a formés ! Terre de France, vous qui êtes un pays si doux, vous voilà aujourd'hui dépeuplée par un si grand désastre ! Seigneurs français, c'est pour moi que je vous vois mourir et je ne peux ni vous défendre ni vous sauver. Que Dieu vous aide, lui qui n'a jamais menti ! Olivier, mon frère, je ne dois pas vous abandonner. Je mourrai de douleur si rien d'autre ne me tue. Seigneur, mon ami, retournons au combat et frappons encore ! »

Le comte Roland est à nouveau sur le champ de bataille. Durendal à la main, il frappe en vaillant chevalier. Il coupe en deux Faldrun de Pui et vingt-

quatre chevaliers, tous parmi les plus estimés.
Jamais personne ne sera plus affamé de vengeance.
Comme le cerf fuit devant les chiens, les païens
détalent devant Roland. L'archevêque lui crie :
« Voilà du beau travail ! Voilà comment un chevalier doit se battre quand il porte des armes et
monte un bon cheval. Il doit être brave et farouche
dans la bataille, sinon il ne vaut pas quatre deniers.
Qu'il se fasse plutôt moine dans quelque couvent
où il passera ses journées entières à prier pour nos
péchés ! — Frappez, répond Roland, et pas de pitié ! » À ces mots les Français reprennent le combat
mais ils subissent de lourdes pertes.

142 [v. 1886-1912]

Quand on sait qu'il n'y aura pas de prisonniers,
on se défend à mort dans ce genre de bataille. Cela
rend les Français féroces comme des lions. Voici
Marsile qui se présente en vrai chevalier. Il monte
un cheval qu'il appelle Guaignon. Il l'éperonne avec
force et court frapper Bevon, seigneur de Beaune
et de Dijon. Il brise son bouclier, fend sa cuirasse
si bien qu'il l'abat raide mort sans lui faire d'autre
blessure. Puis il tue Yvoire et Yvon et en même
temps Gérard de Roussillon. Le comte Roland qui
est tout près crie au païen : « Que le Seigneur Dieu
te perde, toi qui me causes tant de dommage en
tuant mes compagnons ! Tu vas recevoir un bon
coup avant que nous nous séparions et tu appren-
dras aujourd'hui le nom de mon épée. » Alors, en
vrai chevalier, le comte s'élance pour le frapper et
lui tranche le poing droit. Puis il coupe la tête de

Jurfaleu le blond, fils du roi Marsile. Les païens s'écrient : « Au secours Mahomet ! Vous nos dieux, vengez-nous de Charles ! Il a conduit dans notre pays de tels traîtres qu'ils préfèrent mourir plutôt que d'abandonner le champ de bataille. » Ils disent entre eux : « Eh bien ! Prenons la fuite ! » À ces mots, cent mille païens s'enfuient et les rappelle qui voudra, ils ne reviendront plus.

[v. 1913-1931]   143

Mais à quoi bon ? Marsile a beau s'enfuir, son oncle Marganice reste, lui, le possesseur de Carthage, d'Alfrere [?], de Garmalie et de l'Éthiopie, terre maudite. Il règne sur la race des noirs au grand nez et aux larges oreilles. Au total ils sont plus de cinquante mille. Ils foncent à cheval, farouchement, furieusement. Puis ils lancent le cri de guerre des païens. Roland s'écrie : « C'est ici que nous subirons le martyre et je sais bien que nos instants sont comptés. Mais maudit soit celui qui, d'abord, ne fera pas chèrement payer sa vie ! Frappez, seigneurs, de vos épées fourbies, défendez et vos morts et votre vie pour que ce ne soit pas nous qui déshonorions la douce France ! Quand Charles, mon suzerain, parviendra sur ce champ de bataille, il verra une véritable hécatombe parmi les Sarrasins : pour un seul des nôtres il trouvera quinze ennemis morts. Il ne pourra faire autrement que de nous bénir. »

Quand le comte Roland voit ces mécréants plus noirs que l'encre et n'ayant de blanc que les dents, il se met à dire : « Maintenant je sais, j'en suis sûr et j'en ai conscience, aujourd'hui nous allons mourir. Frappez, Français, je tiens à vous le redire ! » Olivier ajoute : « Maudit soit le plus lent ! » À ces mots les Français foncent dans le tas.

Quand les païens voient le petit nombre des Français, ils en retirent orgueil et réconfort. Ils disent entre eux : « Les torts sont du côté de l'empereur ! » Le fameux Marganice, monté sur un cheval fauve, le pique avec vigueur de ses éperons d'or et court frapper Olivier par derrière au milieu du dos. Il déchiquette la cuirasse blanche qu'il porte [?] et son épieu lui transperce le buste de part en part. Puis il lui dit : « Vous avez pris là un bon coup ! C'est pour votre perte que Charlemagne vous a abandonné aux défilés. Il nous a fait du mal mais il aurait tort de s'en vanter car, sur vous seul, j'ai vraiment vengé les nôtres. »

Olivier sent qu'il est frappé à mort mais il tient Hauteclaire à l'acier bruni et il en frappe Marganice sur son casque pointu et décoré dont il jette à terre fleurs et pierreries. Puis il lui fend le crâne jusqu'aux dents de devant et en secouant sa lame, il l'abat raide mort. « Maudit sois-tu païen ! » lui crie-t-il ensuite. « Je ne prétends pas que Charles n'ait pas perdu des siens. Toi, du moins, tu ne te vanteras pas devant une femme ou une dame de ton royaume de m'avoir pris la valeur d'un denier, ni d'avoir fait du mal à moi ou à d'autres. » Puis il crie à Roland de venir l'aider.

[v. 1965-1977]   147

Olivier sent qu'il est blessé à mort mais jamais sa soif de vengeance ne sera assouvie. Maintenant au plus fort de la mêlée il frappe en vrai chevalier. Il met en pièces lances et boucliers, pieds et poings, selles et échines. Qui l'aurait vu amputer les Sarrasins, jeter cadavre sur cadavre, pourrait conserver le souvenir d'un rude guerrier. Mais il ne veut pas oublier le cri de guerre de Charles. Il lance « Montjoie » d'une voix haute et sonore puis il appelle Roland son ami et son pair : « Seigneur, mon ami, serrez-vous donc tout contre moi ! Aujourd'hui nous allons terriblement souffrir d'être séparés. »

[v. 1978-1988]   148

Roland regarde le visage d'Olivier. Il a changé de couleur, il est blême, blafard et d'une pâleur mortelle. Son sang très clair ruisselle tout le long de son corps. Il tombe à terre et se coagule. « Mon Dieu, gémit le comte, je ne sais que faire maintenant. Seigneur, mon ami, votre bravoure vous est fatale ! Jamais plus il n'y aura d'homme qui te vaille. Ah ! douce France, comme tu vas rester aujourd'hui amputée de tes courageux vassaux, abattue et humiliée ! Ce sera une grande perte pour l'empereur. » À ces mots, il s'évanouit sur son cheval.

149

Voilà Roland évanoui sur son cheval et Olivier touché à mort. Il a tant perdu de sang que son regard se trouble. Ni de loin, ni de près, il ne peut voir assez distinctement pour être capable de reconnaître qui que ce soit. Quand il rencontre son ami Roland il le frappe sur le sommet de son casque, sur les pierres précieuses serties dans l'or et il le fend en deux moitiés jusqu'au nasal mais sans atteindre le crâne. En recevant ce coup Roland le regarde et lui demande d'une voix douce et tendre : « Seigneur, mon ami, le faites-vous exprès ? C'est bien moi, Roland qui vous aime tant et vous ne m'avez lancé aucun défi ! » Olivier lui répond : « Maintenant je vous entends parler mais je ne vous vois pas ; que le Seigneur Dieu, lui, vous voie ! Je vous ai frappé, pardonnez-le-moi ! » Roland lui répond : « Je n'ai pas le moindre mal. Je vous le pardonne ici et devant Dieu. » À ces mots, ils s'inclinent l'un devant l'autre. C'est en s'aimant comme ils le font qu'ils se sont séparés.

150

Olivier sent les affres de la mort. Ses deux yeux chavirent dans sa tête. Il n'entend plus, il ne voit plus. Il descend de cheval et se couche par terre. D'une voix haute et ferme, il confesse ses péchés.

Les deux mains jointes et tournées vers le ciel, il prie Dieu de lui donner le Paradis, de bénir Charles, la douce France et, plus que tous les hommes, Roland son ami. Le cœur lui manque, son casque se met de travers et tout son corps s'affale sur le sol. Le comte est mort ; c'est fini. Le vaillant Roland le pleure et se désespère. Plus jamais au monde vous n'entendrez un homme plus accablé de douleur.

[v. 2024-2034]   **151**

Maintenant Roland voit son ami mort, étendu le visage contre terre. Avec tendresse il commence à dire l'adieu : « Seigneur, mon ami, votre hardiesse vous a perdu ! Nous avons vécu ensemble pendant tant d'années et tant de jours sans que jamais l'un de nous deux ait fait du tort à l'autre. Maintenant que toi tu es mort, moi je souffre de rester en vie. » À ces mots le marquis s'évanouit sur son cheval qu'il appelle Veillantif. Mais il est si bien retenu par ses étriers d'or pur que, de quelque côté qu'il penche, il ne peut tomber.

[v. 2035-2055]   **152**

À peine Roland a-t-il repris connaissance, à peine est-il revenu de son évanouissement et rétabli, qu'il voit toute l'étendue du désastre. Les Français sont morts, il les a tous perdus excepté l'archevêque et Gautier de l'Hum. Gautier est redescendu des sommets après s'être vaillamment battu contre ceux d'Espagne. Ses hommes sont morts, vaincus par les païens. Bien malgré lui, il s'enfuit du côté des vallées. Il implore l'aide de Roland : « Ah, noble comte, vaillant guerrier, où es-tu ? Jamais je n'ai eu peur à tes côtés. Je suis Gautier, vainqueur de Maëlgut, je suis le neveu du vieux Droon aux cheveux tout blancs. Ma vaillance faisait de moi ton ami. Ma lance est brisée, mon bouclier troué, ma cuirasse complètement déchiquetée ; en pleine poitrine [...]. Je vais bientôt mourir mais j'aurai chèrement vendu ma vie. » En entendant ces paroles, Roland éperonne son cheval et à toute allure fonce vers Gautier [...].

153 [v. 2056-2065]

Roland est rempli de douleur et de colère. Au plus épais de la mêlée, il se met à frapper. Il terrasse vingt guerriers d'Espagne, Gautier six et l'archevêque cinq. Les païens s'écrient : « Ces hommes sont des traîtres ! Veillez, seigneurs, à ce qu'ils n'en sortent pas vivants. C'est un traître fini celui qui ne va pas les attaquer et un lâche celui qui les laissera s'enfuir ! » Alors ils reprennent leurs hurlements et leurs cris de guerre. De tous côtés ils repartent à l'assaut.

154 [v. 2066-2082]

Le comte Roland était un noble guerrier, Gautier de l'Hum un excellent chevalier et l'archevêque un brave à toute épreuve. Aucun des trois ne veut abandonner les deux autres. Au plus épais de la mêlée ils frappent sur les païens. Mais mille Sarrasins mettent pied à terre et il en reste quarante mille à cheval. Je crois bien qu'ils n'osent pas s'approcher des Français. Mais ils font pleuvoir sur eux lances, épieux, guivres [?], dards, piques, traits et javelots. Dès les premiers coups, ils tuent Gautier et percent le bouclier de Turpin de Reims, brisent son casque, le blessent à la tête et déchiquettent complètement sa cuirasse. Il reçoit dans le corps quatre coups d'épieu et son cheval est tué sous lui. C'est alors la consternation quand l'archevêque tombe.

[v. 2083-2098]   155

Sitôt que Turpin de Reims sent qu'il est à terre et atteint de quatre coups d'épieu, il se redresse. Il regarde Roland, court vers lui et lui dit seulement : « Je ne suis pas vaincu. Jamais un bon guerrier ne se rendra aussi longtemps qu'il reste en vie. » Il tire Aumace son épée d'acier bruni et au plus épais de la mêlée il frappe plus de mille coups. Charles a dit par la suite qu'il ne fit grâce à personne car il a trouvé autour de lui quatre cents païens, les uns blessés, les autres coupés en deux, d'autres enfin la tête tranchée. C'est là ce que dit l'Histoire et le seigneur Gilles qui était présent sur le champ de bataille et pour lequel Dieu accomplit des miracles, Gilles qui fit la charte au monastère de Laon. Celui qui ignore tout cela ne comprend rien à cette histoire.

[v. 2099-2114]   156

Le comte Roland se bat avec vaillance mais son corps est trempé de sueur et brûlant. La tête lui fait horriblement mal : sa tempe a éclaté parce qu'il a sonné du cor. Mais il veut savoir si Charles viendra le rejoindre. Il reprend son cor et en tire un son faible. L'empereur s'arrête et prête l'oreille : « Seigneurs, déclare-t-il, la situation tourne pour nous au désastre ! Roland mon neveu va nous quitter aujourd'hui. J'entends au timbre de son cor qu'il n'a plus longtemps à vivre. Que celui qui veut être à ses côtés galope à toute allure ! Soufflez dans tous les clairons qu'il y a dans cette armée. » Soixante mille clairons sonnent si fort que les montagnes en résonnent et que les vallées en renvoient l'écho. Les païens l'entendent et ne trouvent pas cela drôle. Ils disent entre eux : « Bientôt nous aurons Charles sur le dos ! »

157   [v. 2115-2123]

Les païens se disent : « L'empereur revient. Entendez sonner les clairons des Français ! Si Charles arrive c'est le massacre des nôtres. Si Roland survit notre guerre reprend et c'en est fait de l'Espagne, notre pays. » Alors quatre cents d'entre eux, casqués, se regroupent ; ce sont ceux qui, sur un champ de bataille, s'estiment les meilleurs. Ils livrent à Roland un rude et terrible assaut. Maintenant, pour sa part, le comte Roland a beaucoup à faire.

158   [v. 2124-2133]

Quand il les voit revenir, le comte Roland retrouve toute sa force, sa fierté, sa vaillance ! Il ne reculera pas tant qu'il sera en vie. Monté sur le

cheval qu'on nomme Veillantif, il le pique vigoureusement de ses éperons d'or pur et, au plus épais
de la mêlée, il court attaquer tous les Sarrasins avec
à ses côtés l'archevêque Turpin. Les païens disent
entre eux : « Amis, sauvez-vous ! Nous avons
entendu les cors des Français, c'est le puissant
roi Charles qui revient. »

[v. 2134-2145]   159

Le comte Roland n'a jamais aimé ni les lâches,
ni les orgueilleux, ni les méchants de vile extrac-
tion, ni les chevaliers qui ne sont pas de bons vassaux. Alors il appelle l'archevêque : « Seigneur, vous
êtes à pied et moi à cheval. Par affection pour vous
je tiendrai bon ici même. Tous deux nous partage-
rons le meilleur et le pire et aucun homme de chair
et de sang ne me fera vous abandonner. Dès maintenant nous allons rendre aux païens leur assaut.
Les meilleurs coups sont ceux de Durendal. » L'archevêque lui répond : « Honte à celui qui ne frappe
pas fort ! Charles revient, il va bien nous venger ! »

[v. 2146-2163]   160

Les païens se lamentent : « Nous sommes nés
pour le malheur ! Quel jour funeste s'est levé pour
nous ! Nous avons perdu nos seigneurs et nos pairs.
Le vaillant Charles revient avec sa grande armée et
nous entendons les clairons sonores des Français.
Quelle immense clameur quand ils crient "Montjoie". Le comte Roland est si farouche qu'aucun
homme de chair et de sang ne pourra le vaincre.

Lançons sur lui nos armes de jet et abandonnons-lui le terrain. » Ainsi font-ils et c'est une pluie de dards, de guivres [?], d'épieux, de lances, de piques empennées. Ils fracassent et trouent le bouclier de Roland. Ils déchiquettent complètement sa cuirasse sans atteindre cependant sa chair. Mais ils ont fait trente blessures à Veillantif qui s'écroule raide mort sous le comte. Les païens prennent alors la fuite en laissant Roland sur place. Voilà le comte Roland sans monture.

161 [v. 2164-2183]

Les païens s'enfuient débordants de fureur. De toutes leurs forces ils foncent vers l'Espagne. Mais le comte Roland n'est pas en mesure de les talonner : il n'a plus Veillantif son cheval. Bon gré, mal gré, le voilà sans monture. Il va alors porter secours à l'archevêque Turpin. Il détache de son cou les lacets de son casque orné d'or. Il le dégage de sa cuirasse blanche et brillante. Puis il découpe toute sa tunique en bandes qu'il enfonce dans ses plaies béantes et il le serre dans ses bras tout contre son cœur. Il l'étend ensuite sur l'herbe verte avec des gestes pleins de douceur. Très affectueusement il lui adresse une prière : « Ah ! noble seigneur, veuillez me donner une permission : nos compagnons que nous avons tant aimés sont morts maintenant, mais nous ne devons pas les abandonner là ! Je veux partir à leur recherche, les reconnaître et les aligner côte à côte devant vous. » L'archevêque lui répond : « Allez et revenez vite ! Ce

champ de bataille est à vous, Dieu merci, à vous et
à moi. »

Roland revient sur ses pas tout seul à travers le
champ de bataille. Il explore les vallées, il explore
les montagnes. Là il découvre Gérin et son compagnon Gérier, il découvre Bérenger et Atton, là il
découvre Anseïs et Sanson, il découvre le vieux
Gérard de Roussillon. Les uns après les autres, le
vaillant Roland les prend, les porte jusqu'à l'archevêque et les aligne devant ses genoux. L'archevêque ne peut retenir ses larmes. Il lève la main,
leur donne sa bénédiction et ajoute : « Seigneurs,
quel malheur est le vôtre ! Que le Dieu de gloire
reçoive l'âme de chacun de vous ! Qu'il les place
au Paradis parmi les saintes fleurs ! Ma propre
mort me remplit d'angoisse ! Jamais plus je ne re-
verrai le puissant empereur. »

Roland revient sur ses pas et reprend ses recher-
ches sur le champ de bataille. Il a retrouvé son ami
Olivier qu'il prend dans ses bras et serre contre son
cœur. Péniblement il revient auprès de l'archevêque. Il étend Olivier sur un bouclier tout près
des autres. L'archevêque lui donne l'absolution et
fait sur lui le signe de la croix. Alors sa douleur et
sa pitié redoublent. Roland dit en gémissant :
« Olivier, mon grand ami, vous étiez le fils du duc
Rénier, maître de la province frontière du Val de

Runers. Pour briser des lances, mettre en pièces des boucliers, vaincre et mortifier les orgueilleux, aider et conseiller les hommes de bien, vaincre et effrayer les canailles, il n'y a pas au monde de meilleur chevalier. »

164 [v. 2215-2221]

Quand le comte Roland voit ses pairs morts et Olivier qu'il aimait tellement, il s'attendrit et se met à pleurer. Son visage devient livide et sa douleur si profonde qu'il ne peut plus se tenir debout. Bien malgré lui, il tombe évanoui. L'archevêque se lamente : « Seigneur, quel malheur pour vous ! »

165 [v. 2222-2232]

En voyant Roland s'évanouir l'archevêque éprouve la plus grande douleur de sa vie. Il tend la main et prend le cor. Il veut aller vers une rivière qui passe à Roncevaux pour donner de l'eau à Roland. Il marche à petits pas chancelants ; il est si affaibli qu'il ne peut aller loin. Il n'en a pas la force, il a perdu trop de sang. Avant d'avoir parcouru un seul arpent, le cœur lui manque et il tombe la tête en avant. Le voilà lui-même dans les affres de la mort.

166 [v. 2233-2245]

Le comte Roland reprend connaissance, il se remet debout mais il souffre terriblement. Il regarde en aval, il regarde en amont. Sur l'herbe verte, plus

loin que ses compagnons, il voit étendu le noble
seigneur, l'archevêque, le représentant de Dieu. Il
confesse ses péchés, lève les yeux, tend vers le ciel
ses deux mains jointes et prie Dieu de lui accorder
le Paradis. Il est mort Turpin, le combattant de
Charles. Ses grandes batailles, ses magnifiques sermons en ont fait, toute sa vie, un champion contre
les païens. Que Dieu lui donne sa sainte bénédiction !

[v. 2246-2258]   **167**

Le comte Roland voit l'archevêque à terre, ses
entrailles hors de son corps. Sur son front sa cervelle frémit encore. Sur sa poitrine, entre ses deux
épaules, il a croisé ses belles mains blanches. Roland
prononce sur lui une profonde lamentation selon la
coutume de son pays : « Ah, noble seigneur, chevalier de haut lignage, aujourd'hui je te recommande
au Dieu glorieux du ciel. Plus jamais il n'y aura
d'homme qui le serve de plus grand cœur. Depuis
les apôtres il n'y eut jamais un pareil représentant
de Dieu pour maintenir la foi et convertir les hommes. Puisse **votre âme** être satisfaite et trouver
ouverte la porte du Paradis ! »

[v. 2259-2270]   **168**

Roland sent venir la mort, sa cervelle sort par ses
oreilles. Il prie Dieu d'appeler à lui ses pairs, puis
il invoque pour lui-même l'ange Gabriel. D'une
main il prend son cor pour se mettre à l'abri de tout
reproche et de l'autre son épée Durendal. À peine

plus loin qu'une portée d'arbalète, il s'avance vers l'Espagne dans un guéret. Il monte sur une butte ; sous deux beaux arbres, il y avait quatre blocs de marbre. Il tombe à la renverse sur l'herbe verte où il s'évanouit car la mort se rapproche.

169   [v. 2271-2283]

Hautes sont les montagnes et très hauts les arbres. Il y a là quatre blocs de marbre brillants. Sur l'herbe verte le comte Roland s'évanouit. Un Sarrasin l'observe sans arrêt, mais il fait semblant d'être un mort étendu parmi les autres. Il a barbouillé de sang son corps et son visage. Il se relève et se précipite. C'était un homme beau, fort et très courageux. Mais son orgueil le pousse à faire une folie qui lui sera fatale. Il s'empare de Roland, de son corps et de ses armes en disant seulement : « Le voilà vaincu le neveu de Charles et cette épée je l'emporterai en Arabie ! » Pendant qu'il la tire le comte reprend légèrement connaissance.

170   [v. 2284-2296]

Roland sent qu'on lui enlève son épée. Il ouvre les yeux et dit seulement : « Tu n'es pas des nôtres à ce que je crois. » Il serre son cor dont il ne veut pas se séparer et lui en donne un coup sur son casque orné de pierres précieuses serties dans l'or. Il brise à la fois acier, crâne, os et lui fait jaillir les deux yeux hors de la tête, puis il le renverse raide mort à ses pieds. Il lui crie alors : « Cochon de païen, comment as-tu été assez effronté pour tenter de t'emparer de moi à tort ou à raison ? Tous ceux qui le sauront te prendront pour un fou. J'en ai fendu le pavillon de mon cor d'où sont tombés le cristal et l'or. »

Roland sent que ses yeux ne voient plus. Il se remet debout et rassemble ses dernières forces. Son visage n'a plus de couleurs. Devant lui se trouve une roche grise. Il la frappe de dix coups d'épée avec colère, avec dépit. L'acier grince sans se briser ni s'ébrécher. « Ah ! prie le comte, sainte Marie, au secours ! Ah ! Durendal, ma bonne épée, quel malheur pour vous ! Puisque me voilà perdu, je ne suis plus désormais responsable de vous. Grâce à vous j'ai remporté tant de victoires sur les champs de bataille et conquis tant de vastes territoires que possède maintenant Charles dont la barbe est toute blanche. Ne tombez jamais aux mains d'un guerrier capable de fuir devant un autre. Vous avez appartenu longtemps à un vaillant seigneur. Jamais on ne reverra pareille épée dans la sainte France. »

Roland frappe sur le bloc de sardoine. L'acier grince sans se briser ni s'ébrécher. Quand Roland comprend qu'il ne réussira pas à briser son épée, il se met à la plaindre en lui-même : « Ah ! Durendal comme tu es belle, brillante et éclatante ! Comme tu reluis et renvoies les rayons du soleil ! Charles se trouvait dans les vallées de Maurienne, quand, du ciel, Dieu lui fit transmettre par son ange l'ordre de te donner à un comte qui soit un chef. Alors le noble et grand roi la mit à ma ceinture. Grâce à elle je lui ai conquis l'Anjou et la Bretagne, je lui ai conquis le Poitou et le Maine, je lui ai conquis la libre Normandie, je lui ai conquis la Provence et l'Aquitaine, la Lombardie et toute la Romagne, je lui ai conquis la Bavière et toutes les Flandres, la Bourgogne et toute la Pologne, Constantinople dont il obtint l'hommage et la Saxe où il règne en maître absolu. Grâce à elle je lui ai conquis l'Écosse et [...] l'Angleterre qu'il considérait comme son bien le plus précieux. Grâce à elle j'ai conquis tant de pays et de terres que possède maintenant Charles dont la barbe est toute blanche. Pour cette épée j'éprouve de la douleur et de la peine. Mieux vaut mourir que de la laisser aux païens. Dieu, notre Père, préserve la France de cette honte. »

173 [v. 2338-2354]

Roland frappe sur une pierre grise. Il en détache plus que je ne peux vous en dire. L'épée grince mais elle ne se plie ni ne se rompt. Elle rebondit haut vers le ciel. Quand Roland comprend qu'il ne la brisera pas, il la plaint tendrement en lui-même : « Ah ! Durendal comme tu es belle et sainte ! Dans ton pommeau doré il y a bien des reliques : une dent de saint Pierre, du sang de saint Basile, des cheveux de monseigneur saint Denis, un morceau du vêtement de sainte Marie. Ce serait injuste que des païens te possèdent. C'est par des chrétiens que vous devez être servie. Ne tombez pas aux mains d'un lâche ! J'aurai, grâce à vous, conquis de vastes territoires que possède maintenant Charles dont la barbe est toute blanche et qui font sa gloire et sa puissance. »

[v. 2355-2365]   **174**

Roland sent que la mort le pénètre et que de la tête elle descend jusqu'au cœur. Il est allé en courant au pied d'un pin et il s'est couché face contre terre sur l'herbe verte. Il place sous lui son épée et son cor et tourne la tête du côté de la race des païens. Il le fait car il veut vraiment que Charles et tous les siens disent que le noble comte est mort en conquérant. À petits coups répétés il fait son mea culpa. Pour faire pardonner ses péchés il tend son gant vers Dieu.

[v. 2366-2374]   **175**

Roland sent qu'il n'a plus longtemps à vivre. Tourné vers l'Espagne, il est allongé sur un sommet escarpé, d'une main il se frappe la poitrine : « Mon Dieu, au nom de ta bonté divine, pardon pour tous les péchés grands et petits que j'ai commis depuis l'heure de ma naissance jusqu'à ce jour où me voici terrassé ! » Il tend vers Dieu son gant droit et les anges du ciel descendent jusqu'à lui.

[v. 2375-2396]   **176**

Le comte Roland est étendu sous un pin, le visage tourné vers l'Espagne. De bien des choses le souvenir lui revient : celui de tant de terres qu'il a conquises en vaillant chevalier, de la douce France, des hommes de son lignage, de Charlemagne son seigneur qui l'a formé. À ces pensées il ne peut retenir ses larmes et ses soupirs. Mais il ne veut pas s'oublier lui-même. Il fait son mea culpa et demande pardon à Dieu : « Vrai Père, toi qui n'as jamais menti, qui as ressuscité saint Lazare, qui as sauvé Daniel des lions, sauve aussi mon âme de tous les périls auxquels l'exposent tous les péchés que j'ai commis pendant ma vie ! » Il fait à Dieu l'offrande de son gant droit. Saint Gabriel le prend de sa main. Roland laisse pencher sa tête sur son bras et les mains jointes il va à sa fin. Dieu lui envoie son ange Chérubin et saint Michel du Péril. Saint Gabriel se joint à eux et ils emportent l'âme du comte au Paradis.

177 [v. 2397-2417]

Roland est mort, Dieu a son âme au ciel. L'empereur atteint Roncevaux. Là, pas de chemin, pas de sentier, pas d'espace vide, pas une aune, pas un pied de terre où il n'y ait un cadavre de Français ou de païen. Charles s'écrie : « Où êtes-vous mon cher neveu ? Où sont l'archevêque et le comte Olivier ? Où est Gérin et son compagnon Gérier ? Où est Oton et le comte Bérenger ? Où sont Ivon et Ivoire que j'aimais tant ? Que sont devenus le Gascon Engelier, le duc Sanson et le baron Anseïs ? Où est le vieux Gérard de Roussillon ? Où sont les douze pairs que j'avais laissés ? » Paroles bien inutiles puisque personne n'y répond ! « Dieu ! se

lamente le roi, quel peut être mon regret de ne pas
avoir été là au début de la bataille ! » Il s'arrache la
barbe comme un homme au désespoir. Ses nobles
chevaliers versent des larmes et vingt mille d'entre
eux tombent à terre évanouis. Le duc Naimes en
éprouve une profonde pitié.

Pas un seigneur, pas un chevalier qui ne sanglote
de pitié. Ils pleurent leurs fils, leurs frères, leurs ne-
veux, leurs amis et leurs seigneurs liges. La plupart
tombent évanouis sur le sol. Le duc Naimes réagit
en homme sensé et courageux. Il est le tout premier à dire à l'empereur : « Regardez à deux lieues
devant nous. Vous pouvez voir à la poussière sou-
levée sur les grands chemins que les hommes de la
race païenne y sont innombrables. En avant donc !
Vengez notre douleur ! — Grand Dieu, s'inquiète
Charles, les voilà déjà si loin ! Accordez-moi pourtant de faire triompher la justice et l'honneur car
ils m'ont enlevé la fleur de la douce France ! » Le
roi donne ses ordres à Géboin et Oton, Tedbald de
Reims et au comte Milon : « Surveillez le champ de
bataille, les vallées et les montagnes. Laissez les
morts étendus dans la position où ils se trouvent.
Mais empêchez que bête ou lion n'y touche et pas
davantage écuyer ou domestique. Je vous interdis
d'y laisser toucher quiconque jusqu'à ce que Dieu
permette notre retour sur ce champ de bataille. »
Tous les quatre répondent avec douceur et affection : « Juste empereur, cher seigneur, c'est ce que

nous ferons ! » Ils retiennent avec eux mille de
leurs chevaliers.

179

L'empereur fait retentir ses clairons, puis il chevauche avec sa grande armée, lui, le chef vaillant.
Ils ont retrouvé les traces des guerriers d'Espagne
qu'ils s'acharnent tous à poursuivre. Mais, quand
le roi voit que la nuit arrive, il descend de cheval
sur l'herbe verte d'un pré. Il se prosterne face
contre terre et implore le seigneur Dieu qu'il arrête
pour lui le soleil, qu'il retarde la nuit et qu'il prolonge le jour. Alors voici venir à lui son ange familier qui lui ordonne aussitôt : « Charles, à cheval,
car la lumière ne te manquera pas. Tu as perdu la
fleur de la France, cela Dieu le sait. Mais tu peux
te venger de cette race criminelle. » À ces mots
voilà l'empereur en selle.

180

Pour Charlemagne, Dieu a fait un bien grand
miracle, car le soleil s'est figé sur place. Les païens
s'enfuient mais les Français s'acharnent à leur poursuite. Ils les rejoignent au Val Ténébreux et, à coups
d'éperons, ils les talonnent vers Saragosse. Ils les
tuent en les frappant de toutes leurs forces. Ils leur
coupent les routes et les principaux passages.
Devant eux s'interpose le cours de l'Èbre : l'eau en
est profonde, effrayante et impétueuse. Il n'y a ni
barge, ni bateau de guerre, ni chaland. Alors les
païens implorent un de leurs dieux, Tervagant.

Puis ils se jettent à l'eau, mais personne ne les protège. Ceux qui portent une armure sont les plus pesants et beaucoup coulent à pic. Les autres dérivent au fil de l'eau. Les plus favorisés ont cependant avalé tellement d'eau que tous se noient après d'atroces souffrances. Les Français s'écrient : « C'est pour votre malheur que vous avez rencontré Roland ! »

[v. 2476-2487]   181

Quand Charles voit que tous les païens sont morts, certains tués et la plupart noyés et que les chevaliers ont fait un énorme butin, le noble roi descend de cheval. Il se prosterne face contre terre et de tout cela il rend grâce à Dieu. Quand il se relève le soleil est couché. L'empereur déclare : « Il est temps d'installer le campement. C'est trop tard pour retourner à Roncevaux. Nos chevaux sont las et exténués. Enlevez leurs selles, leurs mors et laissez-les profiter de la fraîcheur des prés. » Les Français répondent : « Sire, vous avez raison. »

[v. 2488-2495]   182

L'empereur a fait installer son camp. Les Français descendent de cheval dans le pays désert. Ils enlèvent les selles de leurs chevaux, retirent les mors recouverts d'or. Ils laissent à leur disposition les prés où ils trouvent beaucoup d'herbe fraîche. Il n'y a plus d'autre soin à leur donner. Les plus fatigués dorment à même le sol. Cette nuit-là on ne place pas de sentinelles.

L'empereur s'est couché dans un pré. Le vaillant
guerrier pose près de sa tête son grand épieu ; cette
nuit-là il ne veut pas se désarmer. Il conserve sa
cuirasse blanche et jaune couleur de safran, son
casque lacé garni de pierres serties dans l'or. Il
porte à son côté Joyeuse qui n'eut jamais d'égale,
elle qui change chaque jour trente fois de reflets.
Nous savons très bien ce qu'il en est de la lance
qui blessa Notre-Seigneur sur la croix. Charles en
possède la pointe grâce à Dieu. Il l'a fait enchâsser
dans le pommeau d'or de son épée. À cause de cet
honneur et de cette grâce, elle a reçu le nom de
Joyeuse. C'est un devoir pour les seigneurs français
de ne pas l'oublier. De là vient leur cri de guerre
« Montjoie ». Pour cette raison aucun peuple n'est
capable de leur tenir tête.

Dans la belle nuit claire, la lune brille. Charles
est couché mais la mort de Roland le remplit de
douleur et il souffre profondément à cause d'Olivier, des douze pairs et des Français. À Roncevaux
il a laissé des cadavres couverts de sang. Il ne peut
retenir ses larmes et ses lamentations. Il prie Dieu
de sauver leurs âmes. Le roi est épuisé car son
chagrin est immense. Il s'endort à bout de forces.
Dispersés à travers tous les prés, les Français à présent dorment profondément. Pas un cheval ne peut

tenir debout et celui qui veut de l'herbe doit la
brouter couché. Il a beaucoup appris celui qui a
éprouvé des souffrances atroces.

Charles dort comme un homme que l'angoisse
tenaille. Mais Dieu lui envoie l'ange Gabriel qu'il
charge de veiller sur lui. L'ange passe toute la nuit
à son chevet. Par une vision il lui annonce qu'il
aura à livrer une bataille ; il lui en montre des pré-
sages très inquiétants. Charles lève les yeux au ciel
qui apparaît rempli de tonnerres, de vents, de ge-
lées, d'orages, d'effroyables tempêtes, de feux et de
flammes prêtes à tomber. Soudain tout cela s'abat
sur son armée entière. Les lances de frêne et de
pommier s'enflamment ainsi que les boucliers
jusqu'aux boucles d'or pur. Les hampes des épieux
tranchants volent en éclats : les cuirasses et les
casques d'acier grincent. Charles voit ses chevaliers
remplis d'angoisse. Puis ours et léopards veulent
les dévorer. Serpents, vipères, dragons, démons et
plus de trente mille griffons, tous se précipitent sur
eux. Alors les Français crient : « Charlemagne, au
secours ! » Le roi accablé de douleur et de pitié
veut accourir mais il est arrêté. Surgissant d'un bois
un grand lion, terrible, agressif et féroce fonce sur
lui. Il attaque et s'en prend à sa personne même.
Ils luttent corps à corps. Mais Charles ne sait pas
lequel des deux terrasse l'autre. Il ne se réveille
pas.

Après cette vision, il lui en vient une autre. Il est
à Aix, sur un perron, et il retient un ours avec une
double chaîne. Du côté de l'Ardenne il voit venir
trente ours, chacun d'eux parle comme le ferait un
homme. Ils lui disent : « Sire, rendez-le-nous ! Il
n'est pas juste que vous le gardiez plus longtemps.
C'est notre parent, nous devons lui porter secours. »
Mais de son palais un lévrier accourt et, sur l'herbe
verte, parmi les autres, il attaque le plus grand des
ours qui se tenait à quelque distance de ses compagnons. Le roi assiste alors à un combat prodigieux,
mais il ne sait quel est le vainqueur et quel est le
vaincu. Voilà le spectacle que l'ange de Dieu offre
au roi. Charles reste endormi jusqu'au lendemain à
l'aube.

Le roi Marsile s'enfuit à Saragosse. Il descend de
cheval et se met à l'ombre sous un olivier. Il donne
à ses hommes son épée, son casque et sa cuirasse. Il
se couche sur l'herbe verte d'un air pitoyable. Il
a perdu toute sa main droite et le sang qui coule
le fait s'évanouir plein d'angoisse. Devant lui sa
femme Bramimonde pleure, crie, se désespère.
Avec elle plus de vingt mille hommes maudissent
Charles et la douce France. Ils courent dans une
crypte où se trouve leur dieu Apollin. Ils le
conspuent, le couvrent de violentes injures : « Ah !
méchant dieu, pourquoi nous infliger une telle
honte ? Pourquoi as-tu laissé terrasser notre roi ? À

celui qui te sert bien tu verses en retour un mauvais salaire. » Puis ils lui arrachent son sceptre et sa couronne, le pendent par les mains à un pilier, le précipitent à terre à leurs pieds, le battent et le mettent en pièces à coups de grands bâtons. À Tervagant ils arrachent aussi son escarboucle, quant à Mahomet ils le jettent dans un fossé où porcs et chiens le mordent et le piétinent.

[v. 2592-2608]   188

Marsile revenu à lui se fait porter dans sa chambre voûtée, ornée de peintures et d'inscriptions de différentes couleurs. La reine Bramimonde pleure sur son sort, s'arrache les cheveux, se traite de malheureuse, puis changeant de sujet, s'écrie d'une voix forte : « Ah ! Saragosse, comme te voilà aujourd'hui sans défense, tu as perdu le noble roi ton maître ! Nos dieux l'ont trahi, eux qui, ce matin, l'ont abandonné au cours de la bataille. L'émir se conduira en lâche s'il ne part pas en guerre contre cette race audacieuse d'hommes intrépides au point de se moquer de leur vie. L'empereur à la barbe fleurie est vaillant et terriblement présomptueux. Si nous livrons bataille il ne s'enfuira pas. Quel grand malheur qu'il n'y ait personne pour le tuer ! »

[v. 2609-2629]   189

L'empereur, mettant à profit sa grande puissance, sept ans bien comptés est resté en Espagne. Il s'empare de châteaux et de nombreuses villes. C'est un grand sujet d'inquiétude pour le roi Marsile.

Dès la première année de la guerre il a fait sceller
des lettres et appelé Baligant le très vieil émir de
Babylone, qui vécut plus que Virgile et Homère,
pour qu'il vienne lui porter secours à Saragosse. S'il
refuse, il abandonnera les dieux et toutes les idoles
qu'il avait coutume d'adorer pour se convertir à la
sainte religion chrétienne et s'efforcera de faire la
paix avec Charlemagne. Mais l'émir est loin et son
retard est grand. Il convoque les armées de ses
quarante royaumes. Il fait apprêter ses grands
bateaux de guerre, ses esquifs, ses barges, ses vaisseaux rapides et ses navires de transport. Dans le
port d'Alexandrie, il rassemble toute sa flotte. En
mai, au premier jour du printemps, il lance en mer
toutes ses forces.

190 [v. 2630-2638]

Immenses sont les armées de cette race détestée.
Les païens cinglent rapidement, rament et maintiennent le cap. Au sommet des mâts, à la pointe des
vergues, une multitude d'escarboucles et de lanternes projettent de là-haut une telle lumière qu'à travers la nuit la mer en est plus belle. Aussi, lorsqu'ils
abordent en Espagne, tout le rivage brille, illuminé.
La nouvelle en parvient jusqu'à Marsile.

191 [v. 2639-2645]

Sans vouloir prendre aucun repos, l'armée des
païens, laissant la mer, emprunte les cours d'eau.
Ils dépassent Marbrise, ils dépassent Marbrose et
toute leur flotte remonte l'Èbre. La profusion des

lanternes et des escarboucles leur vaut tout au long de la nuit une immense clarté. Le jour venu, ils atteignent Saragosse.

[v. 2646-2664]   192

Le jour est clair et le soleil resplendit. L'émir descend de son grand bateau plat. Espaneliz marche à sa droite et dix-sept rois lui font escorte. Il y a aussi des comtes et des ducs mais je ne peux les dénombrer. Sous un laurier, au milieu d'un champ, on jette un tapis de soie blanche sur l'herbe verte et on y installe un fauteuil d'ivoire. Le païen Baligant s'y assied tandis que tous les autres restent debout. Le premier, leur seigneur prend la parole : « Écoutez-moi, maintenant, nobles et vaillants chevaliers. Le roi Charles, empereur des Français, n'a pas le droit de manger avant que je ne lui en donne l'ordre. À travers toute l'Espagne il m'a fait une guerre terrible. Mais je veux aller le provoquer en douce France. Je n'aurai de répit, de toute ma vie, jusqu'à ce qu'il soit tué ou se rende vivant. » Pour souligner ses paroles il frappe son genou de son gant droit.

[v. 2665-2685]   193

À ces mots, il se promet solennellement de ne pas avoir de répit, même pour tout l'or du monde, avant de se rendre à Aix où Charles tient ses assises. Ses vassaux l'approuvent et l'encouragent. Il appelle ensuite deux de ses chevaliers Clarifan et Clarien : « Vous êtes les fils du roi Maltraien qui portait volontiers des messages. Je vous donne l'ordre d'aller à Saragosse. Faites savoir de ma part à Marsile que je suis venu lui apporter mon aide contre les Français. Si je trouve un lieu propice il y aura une grande bataille. Donnez-lui en gage ce gant brodé d'or et qu'il le mette à sa main droite. Portez-lui également ce bâtonnet d'or pur et dites-lui de venir me rendre hommage. Je me rendrai en France pour faire la guerre à Charles. S'il ne se prosterne pas à mes pieds pour implorer ma pitié et n'abjure pas la religion chrétienne, je lui ôterai la couronne de la tête. » Les païens lui répondent : « Sire, vous avez tout à fait raison. »

194   [v. 2686-2704]

Baligant continue : « Allons ! À cheval, seigneurs ! Que l'un porte le gant et l'autre le bâton ! » Ceux-ci lui répondent : « Cher seigneur nous allons le faire. » Ils ont chevauché si longtemps qu'ils atteignent Saragosse. Ils passent dix portes, franchissent quatre ponts et empruntent toutes les rues où habitent les bourgeois. En approchant de la ville haute, ils entendent une grande rumeur qui provient du palais. Il y a là une foule de païens qui pleurent, crient et poussent des lamentations parce qu'ils n'ont plus leurs dieux, Tervagant, Mahomet et Apollin. Ils se disent les uns aux autres : « Malheureux, qu'allons-nous devenir ? Une terrible calamité s'est abattue sur nous. Nous avons perdu le roi Marsile dont le comte Roland a tranché hier la main droite. Nous n'avons plus le blond Jurfaleu. Dorénavant toute l'Espagne sera à leur merci ! »

Mais voici les deux messagers qui s'aident de la borne pour mettre pied à terre.

Ils laissent leurs chevaux sous un olivier. Deux Sarrasins les prennent par les rênes. Quant aux deux messagers, se tenant par leurs manteaux, ils montent tout en haut du palais. Quand ils entrent dans la chambre voûtée, ils font en signe de bonne amitié un salut intempestif : « Que Mahomet qui exerce sur nous sa puissance, Tervagant et Apollin, notre seigneur, sauvent le roi et protègent la reine ! » Mais Bramimonde se récrie : « Quelles absurdités j'entends là ! Nos dieux que vous évoquez sont anéantis. À Roncevaux ils ont fait d'affreux miracles : ils ont laissé tuer nos chevaliers. Ils ont abandonné en pleine bataille mon seigneur que voici. Il a perdu sa main droite, irrévocablement ; Roland le puissant comte l'a tranchée. Charlemagne possédera toute l'Espagne. Que vais-je devenir, pauvre malheureuse ? Hélas ! Que n'ai-je quelqu'un pour me tuer ! »

Clarien lui répond : « Madame, assez de bavardage ! Nous sommes les messagers du païen Baligant. Il déclare qu'il sera le défenseur de Marsile. Aussi, en gage, lui envoie-t-il son bâton et son gant. Sur l'Èbre nous avons quatre mille chalands, des bateaux, des barges, des vaisseaux rapides. Il y a tant de bateaux de guerre que je ne peux les compter.

L'émir est tout-puissant. Il se rendra en France pour provoquer Charlemagne. Il compte le tuer ou lui faire demander grâce. » Bramimonde lui répond : « Il aura bien tort d'aller si loin ! Plus près d'ici vous pourrez trouver les Français. Dans notre pays l'empereur est à demeure depuis sept ans déjà. Il est vaillant et fait pour la lutte. Il aimerait mieux mourir que de s'enfuir d'un champ de bataille. Il n'y a pas de roi au monde qu'il ne traite en enfant. Charles ne craint homme qui vive. »

197 [v. 2741-2754]

« Cela suffit ! » coupe le roi Marsile et il dit aux messagers : « Seigneurs, adressez-vous à moi ! Vous voyez que la mort m'oppresse et je n'ai ni fils ni fille ni héritier. J'en avais un qui a été tué hier soir. Demandez à mon seigneur de venir me voir. L'émir a des droits sur l'Espagne. Je la lui abandonne en toute propriété s'il veut en prendre possession, mais qu'après il la défende contre les Français. En ce qui concerne Charlemagne je lui donnerai un bon conseil : il l'aura vaincu en un mois à partir d'aujourd'hui. Portez-lui les clefs de Saragosse. Puis dites-lui de ne pas s'en aller, je le lui conseille. » Les messagers répondent : « Sire, vous avez raison. »

198 [v. 2755-2764]

Marsile continue : « L'empereur Charles a tué mes hommes, dévasté mon pays, détruit et déman-telé mes villes. Il a campé cette nuit même sur les rives de l'Èbre. J'ai fait le calcul, ce n'est pas à plus de sept lieues d'ici. Dites à l'émir d'y conduire son armée. Demandez-lui de ma part de lui livrer bataille. » Il lui fait remettre les clefs de Saragosse. Les messagers s'inclinent tous deux devant lui, prennent congé et, sur ces mots, s'en retournent.

Les deux messagers remontent à cheval et sortent de la ville à toute allure. Épouvantés, ils vont trouver l'émir et lui remettent les clefs de Saragosse. Baligant leur demande : « Quelles sont les nouvelles ? Où est Marsile que j'avais convoqué ? » Clarien lui répond : « Il est mortellement blessé. L'empereur traversait hier les défilés avec l'intention de regagner la douce France. Il avait composé son arrière-garde des hommes les plus prestigieux de son armée. Roland son neveu en était, Olivier aussi, les douze pairs au complet et vingt mille chevaliers de France. Le vaillant roi Marsile livra bataille. Marsile et Roland sont restés face à face. Roland lui a donné un tel coup de son épée Durendal qu'il lui a séparé la main droite du corps. Il a tué son fils qu'il aimait tant ainsi que les seigneurs qui l'accompagnaient. Marsile est revenu en prenant la fuite, incapable de résister plus longtemps. L'empereur l'a talonné sans relâche. Le roi Marsile vous demande du secours. Il vous rend en toute propriété le royaume d'Espagne. » Baligant se met à réfléchir ; sa douleur est si grande qu'il manque perdre la raison.

« Seigneur émir, reprend Clarien, une bataille a été livrée hier à Roncevaux. Roland et le comte Olivier sont morts ainsi que les douze pairs que Charles aimait tant. Les Français ont perdu vingt mille hommes. Le roi Marsile y a laissé le bras droit et l'empereur l'a talonné sans relâche. Sur notre terre il n'est pas resté un seul chevalier : tous ont été tués ou noyés dans l'Èbre. Les Français campent sur les rives du fleuve. Ils sont là si près de nous que, si vous le voulez, leur retraite sera pénible. » Ces paroles rendent son arrogance au regard de Baligant et son cœur s'emplit d'une grande joie. Il se lève de son siège et s'écrie : « Seigneurs, vite ! Sortez des navires, sautez en selle et en avant ! Si le vieux Charlemagne ne s'enfuit pas immédiatement, dès aujourd'hui le roi Marsile sera vengé. Pour sa main droite perdue, je lui livrerai la tête de Charles ! »

Les païens d'Arabie débarquent, enfourchent chevaux et mulets et avancent. Que pourraient-ils faire de mieux ? L'émir qui a ordonné le départ général appelle Gémalfin, l'un de ses intimes : « Je te confie le commandement de toutes mes armées [?...]. » Puis il enfourche un de ses chevaux bruns et emmène avec lui quatre ducs. Il chevauche sans s'arrêter jusqu'à Saragosse. Il descend de cheval en s'aidant d'une borne de marbre et quatre comtes lui tiennent l'étrier. Il monte les marches du palais

et Bramimonde court à sa rencontre en gémissant :
« Malheureuse que je suis et née pour un si triste
sort ! Quelle humiliation sans pareille d'avoir perdu
mon seigneur ! » Elle tombe aux pieds de l'émir qui
la relève et, accablés de douleur, ils montent à la
chambre du roi.

À la vue de Baligant, le roi Marsile appelle deux
Sarrasins d'Espagne : « Prenez-moi dans vos bras
et redressez-moi pour me faire asseoir. » De sa
main gauche il prend un de ses gants et déclare :
« Sire roi, émir [...], toutes mes terres. [...], je vous
les abandonne en toute propriété [?], ainsi que
Saragosse et le domaine qui en dépend. Je me suis
perdu et tout mon peuple avec moi. » L'émir lui
répond : « Comme j'en suis profondément accablé ! Mais je ne peux avoir avec vous un long entretien : je sais très bien que Charles ne m'attendra
pas. Pourtant j'accepte votre gant. » La douleur qu'il
éprouve le fait repartir tout en larmes. Il descend les
marches du palais, enfourche son cheval et revient
vers les siens à toute allure. Il galope si vite qu'il se
place en tête de ses troupes. De temps en temps, il
leur crie : « En avant païens, car déjà les Français
s'enfuient à fond de train ! »

De grand matin, aux premières lueurs du jour,
l'empereur Charles se réveille. Saint Gabriel que
Dieu lui a donné pour le protéger lève la main et

fait sur lui son signe de croix. Le roi se lève, dépose ses armes et dans l'armée entière tous les autres en font autant. Puis ils montent en selle et foncent à toute allure par les longues routes et les larges chemins. Alors ils vont voir le désastre hallucinant à Roncevaux où eut lieu la bataille.

204 [v. 2855-2869]

Voilà Charles parvenu à Roncevaux. En voyant les morts il se met à pleurer et il commande aux Français : « Seigneurs, allez au pas, car je dois moi-même vous précéder : je voudrais retrouver mon neveu. J'étais à Aix au cours d'une fête solennelle et mes vaillants chevaliers se glorifiaient de leurs grandes batailles, de leurs mêlées rudes et massives. Alors j'ai entendu Roland livrer cette pensée : si jamais il mourait en terre étrangère on le trouverait en avant de ses vassaux et de ses pairs, la tête tournée vers le pays ennemi. C'est en conquérant que le vaillant guerrier finirait ses jours. » D'un peu plus loin qu'on peut lancer un petit bâton, Charlemagne devance ses compagnons et monte sur une hauteur.

205 [v. 2870-2880]

Tandis que l'empereur s'avance à la recherche de son neveu, il trouve parmi l'herbe du pré les fleurs toutes rouges du sang de nos guerriers. Pris de pitié il ne peut retenir ses larmes. Parvenu au pied de deux arbres [...], il reconnaît les coups de Roland sur trois blocs de pierre. Il voit son neveu

étendu sur l'herbe verte. Il ne faut pas s'étonner de
sa douleur. Il met pied à terre et s'élance vers
Roland. Entre ses deux bras [... il le prend ?] et
tombe évanoui sur lui tant l'angoisse l'étreint.

[v. 2881-2891]   206

L'empereur reprend connaissance. Le duc Naimes
et le comte Acelin, Geoffroy d'Anjou et son frère
Thierry le soutiennent et l'adossent à un pin. Il
regarde à terre, voit son neveu étendu et, plein de
tendresse, il prononce l'adieu funèbre : « Roland,
mon ami, que Dieu ait pitié de toi ! Jamais personne n'a vu chevalier d'une telle trempe, capable
d'engager et de gagner de grandes batailles. Ma
gloire commence à décliner. » Charles ne peut
s'empêcher de s'évanouir.

[v. 2892-2908]   207

Le roi Charles reprend connaissance. Ses quatre
compagnons le soutiennent. Il regarde à terre et voit
son neveu étendu. Son corps a gardé sa beauté mais
perdu sa couleur. Il a les yeux révulsés et remplis
de ténèbres. D'un cœur fidèle et tendre Charles
prononce sur lui sa lamentation : « Roland, mon
ami, que Dieu place ton âme au milieu des fleurs
au Paradis parmi ses glorieux élus. Tu es venu en
Espagne avec un mauvais seigneur ! [?] Il ne se
passera pas de jour sans que je souffre en pensant
à toi. Comme vont s'effondrer ma force et mon
ardeur ! Je n'aurai plus personne pour défendre
mon honneur. Je ne me vois plus un seul ami au

monde et si j'ai des parents aucun n'est aussi
vaillant. » Il s'arrache les cheveux à pleines mains.
Cent mille Français en éprouvent une douleur si
profonde que tous pleurent et se désespèrent.

208

[v. 2909-2915]

« Roland, mon ami, je vais retourner en France
et quand je serai à Laon, dans mon riche domaine,
des vassaux étrangers viendront de différents royaumes me demander : "Où est le comte qui était un
si grand chef ? " Je leur répondrai qu'il est mort en
Espagne. Désormais, je gouvernerai mon royaume
dans la douleur ; il ne se passera pas de jour sans
que je pleure et sans que je me plaigne. »

209

[v. 2916-2932]

« Roland, mon ami, brave et beau jeune homme,
quand je serai à Aix, dans ma chapelle, mes vassaux viendront me demander des nouvelles. Je leur
en donnerai de stupéfiantes et d'effroyables : "Il
est mort mon neveu, lui à qui je dois tant de
conquêtes." Contre moi se révolteront les Saxons,
les Hongrois, les Bulgares et tant de peuples hosti-
les, les Romains, ceux de la Pouille et tous ceux de
Palerme, ceux d'Afrique et ceux de Califerne. Alors
viendront pour moi peines et souffrances. Qui
pourra conduire mes armées avec une aussi grande
autorité puisqu'il est mort celui qui a toujours été
notre guide ? Ah ! France, comme te voilà seule !
Ma douleur est si profonde que je voudrais être
mort ! » Il se met à tirer sa barbe blanche et des

deux mains s'arrache les cheveux. À cette vue, cent mille Français tombent à terre et perdent connaissance.

[v. 2933-2944] 210

« Roland, mon ami, que Dieu ait pitié de toi et que ton âme ait sa place au Paradis ! Celui qui t'a tué a plongé la France dans la détresse. J'ai une si grande douleur que je voudrais ne pas survivre à cause de mes hommes qui sont morts pour moi ! Que Dieu, fils de sainte Marie, avant mon arrivée aux grands défilés de Roncevaux, détache aujourd'hui mon âme de mon corps pour la placer auprès de leurs âmes au Paradis et que mon corps soit enterré à leurs côtés. » Les larmes coulent de ses yeux, il tire sa barbe blanche et le duc Naimes déclare : « Charles ressent une profonde douleur ! »

[v. 2945-2950] 211

« Sire empereur, dit Geoffroy d'Anjou, ne vous abandonnez pas ainsi à pareille douleur ! Faites rechercher dans toute l'étendue du champ de bataille les nôtres que ceux d'Espagne ont tués pendant le combat. Donnez l'ordre de les porter dans une seule et même fosse. » Le roi lui répond : « Pour cela sonnez de votre cor. »

[v. 2951-2961] 212

Geoffroy d'Anjou a sonné de son cor et sur l'ordre de Charles les Français mettent pied à terre.

Tous leurs amis qu'ils retrouvent morts, ils les portent aussitôt dans une seule et même fosse. Il y a dans l'armée un grand nombre d'évêques, d'abbés, de moines, de chanoines, de prêtres tonsurés. Ils leur donnent au nom de Dieu l'absolution et la bénédiction. Ils font brûler de la myrrhe et de l'encens, puis ils les encensent tous avec ferveur. Ils leur font ensuite de grandioses funérailles et les laissent. Que pourraient-ils faire de plus ?

213 [v. 2962-2973]

L'empereur fait procéder à la toilette mortuaire de Roland, d'Olivier et de l'archevêque Turpin. Devant lui, il fait ouvrir leurs trois poitrines et recueillir leurs trois cœurs dans une étoffe de soie. On les place dans un cercueil de marbre blanc. Puis on prend les corps des trois chevaliers et on les enveloppe dans des peaux de cerf après les avoir bien lavés avec des aromates et du vin. Le roi ordonne à Tedbald, à Géboin, au comte Milon et au seigneur Oton : « Emmenez-les sur trois charrettes [...]. » Les corps sont bien recouverts d'un drap de soie de Galaza.

214 [v. 2974-2986]

L'empereur Charles s'apprête à repartir quand les avant-gardes des païens surgissent devant lui. Des premiers rangs deux messagers se détachent et lui annoncent la bataille de la part de l'émir : « Roi orgueilleux, la partie n'est pas finie : tu ne vas pas t'enfuir ! Vois Baligant qui galope à tes trousses.

Grandes sont les armées qu'il amène d'Arabie. Aujourd'hui même nous allons mettre ton courage à l'épreuve. » Le roi Charles porte la main à sa barbe. Le souvenir de sa douleur et du désastre qu'il a subi lui revient à l'esprit. Plein de fierté il embrasse du regard toute son armée puis il crie de sa voix tonnante : « Seigneurs français, à cheval et aux armes ! »

[v. 2987-2998]   215

L'empereur est le premier à s'armer. En toute hâte il revêt sa cuirasse, lace son casque, met à sa ceinture Joyeuse dont le soleil même n'éclipse pas l'éclat. Il suspend à son cou son bouclier de Biterne, prend son épieu qu'il brandit, puis enfourche Tencendur son bon cheval (qu'il a gagné à la bataille aux gués sous Marsanne quand il a désarçonné et tué Malpalin de Narbonne). Il lui lâche la bride, l'éperonne et l'éperonne encore et s'élance à fond de train sous les regards de cent mille hommes. Il invoque Dieu et l'apôtre de Rome.

[v. 2999-3013]   216

Sur toute l'étendue du champ de bataille, les Français mettent pied à terre et ils sont plus de cent mille à s'armer à la fois. Ils ont des équipements qui leur plaisent beaucoup, des chevaux rapides et des armes superbes. Puis ils montent en selle et manœuvrent savamment. S'ils trouvent un moment favorable, ils comptent livrer bataille. Leurs bannières retombent sur leur casque. Alors, frappé par leur allure si fière, Charlemagne appelle Jozeran de Provence, le duc Naimes, Antelme de Mayence : « Qui n'aurait confiance en de tels vassaux ! Il faudrait être vraiment fou pour s'alarmer quand on est parmi eux. Si les Arabes ne renoncent pas à l'affrontement, je compte leur faire payer cher la mort de Roland. » Le duc Naimes lui répond : « Eh bien ! que Dieu nous l'accorde ! »

217 [v. 3014-3025]

Charles appelle Rabel et Guinemant. Le roi leur déclare : « Seigneurs, voici mes ordres : prenez la relève d'Olivier et de Roland. Que l'un porte l'épée et l'autre le cor. Chevauchez en tête de l'armée, au premier rang, avec quinze mille jeunes Français parmi les plus braves de chez nous. Derrière eux, il en viendra autant conduits par Giboin et Lorant. » Le duc Naimes et le comte Jozeran disposent en bon ordre ces compagnies. S'ils trouvent un moment favorable, la bataille sera très rude.

218 [v. 3026-3034]

Les deux premières compagnies sont composées de Français. Derrière on forme la troisième avec les vassaux de Bavière, que l'on a évalués à vingt mille hommes. Jamais, pour leur part, ils ne reculeront au cours de la bataille. Il n'y a pas de peuple au monde que Charles leur préfère, excepté celui de France, conquérant de royaumes. Le vaillant comte Ogier le Danois les conduira car c'est une troupe intrépide.

Quant à l'empereur Charles, il dirige trois compagnies. Puis le duc Naimes forme la quatrième de
seigneurs pleins de bravoure. Ils viennent d'Allemagne et sont vingt mille au dire de tous les autres.
Bien montés et bien armés, la peur de la mort ne
leur fera jamais abandonner la bataille. Herman, le
duc de Thrace, les conduira et il mourra plutôt
que de se comporter en lâche.

Le duc Naimes et le comte Jozeran forment de
Normands la cinquième compagnie. Ils sont vingt
mille au dire de tous les Français. Ils ont de belles
armes et de bons chevaux rapides. Jamais la crainte
de la mort ne les fera s'avouer vaincus. Il n'y a pas
de peuple au monde plus efficace sur un champ de
bataille. C'est le vieux Richard qui les conduira au
combat et il frappera fort de son épieu tranchant.

La sixième compagnie est formée de trente mille
chevaliers bretons. À cheval ils ont l'allure de véritables seigneurs. Leurs hampes sont peintes et leurs
bannières y sont fixées. Leur chef se nomme Eudon.
Il donne l'ordre suivant au duc Névelon, à Tedbald
de Reims et au seigneur Oton : « Conduisez mes
troupes, je vous les remets ! »

L'empereur, lui, a formé six compagnies et le
duc Naimes la septième avec des Poitevins et des
seigneurs d'Auvergne, soit environ quarante mille
chevaliers. Ils ont de bons chevaux et des armes
superbes. Ils se trouvent à part dans un vallon au
pied d'une hauteur. Charles leur donne sa bénédiction de sa main droite. C'est Jozeran et Godselmes
qui les conduiront.

Puis Naimes forme la huitième compagnie avec
des Flamands et des seigneurs de Frise. Ils sont
plus de quarante mille chevaliers. Jamais ceux-là
n'abandonneront la bataille. Le roi déclare : « En
voilà qui me serviront avec dévouement. » À eux
deux, Rembald et Hamon de Galice les conduiront
comme d'excellents chevaliers.

D'un commun accord, Naimes et le comte Jozeran ont formé la neuvième compagnie avec de
vaillants guerriers lorrains et bourguignons. On dé-
nombre cinquante mille chevaliers. Ils ont lacé
leurs casques et revêtu leurs cuirasses. Ils ont de
robustes épieux aux hampes courtes. Si les Arabes
ne reculent pas devant l'affrontement et s'y ris-

quent, les Français les frapperont. C'est Thierry le
duc d'Argonne qui les conduira.

[v. 3084-3095]   225

La dixième compagnie est formée de seigneurs
de France. Ils sont cent mille choisis parmi nos
meilleurs combattants. Ils ont le corps vigoureux,
l'allure martiale, la tête et la barbe blanches. Ils
portent leurs casques et leurs cuirasses à double
épaisseur de mailles, leurs épées de France ou d'Espagne à leurs côtés, leurs beaux boucliers ornés de
nombreux signes qui les font reconnaître. Une fois
à cheval, ils réclament la bataille : ils crient « Montjoie » ; Charlemagne est avec eux. Geoffroy d'Anjou porte l'oriflamme : elle s'appelait Romaine
quand elle appartenait à saint Pierre, mais on chan-
gea son nom contre celui de Montjoie.

[v. 3096-3120]   226

L'empereur descend de cheval et sur l'herbe
verte il se prosterne face contre terre. Il tourne son
visage du côté du soleil levant. Il implore Dieu en
y mettant tout son cœur : « Vrai Père, en ce jour
même, prends ma défense, toi qui, c'est la vérité,
sauvas Jonas avalé par la baleine, épargnas le roi de
Ninive Daniel d'un effroyable supplice dans la fosse
aux lions et les trois enfants dans une fournaise
ardente ! Que ton amour me vienne en aide aujourd'hui ! Par ta grâce, accorde-moi, si tu le veux
bien, le pouvoir de venger mon neveu Roland ! »
Sa prière dite, il se redresse et fait sur son front le

tout-puissant signe de la croix. Puis le roi enfourche son cheval rapide ; Naimes et Jozeran lui tenaient l'étrier. Il saisit son bouclier et son épieu tranchant. Son corps est noble, vigoureux, son port altier, son visage clair, son regard assuré. Puis il s'avance à cheval bien d'aplomb sur ses étriers. Les clairons sonnent et à l'arrière et à l'avant. Les dominant tous s'élève le son du cor. Les Français pleurent émus au souvenir de Roland.

227 [v. 3121-3136]

Plein de noblesse, l'empereur chevauche. Il a fait sortir sa barbe et l'étale sur sa cuirasse. Par affection pour lui tous les autres l'imitent. À ce signe, on peut reconnaître les cent mille Français. Ils traversent les montagnes et les sommets élevés, les vallées profondes et les défilés sinistres. Ils sortent de ces passages resserrés, de ces lieux déserts et pénètrent dans l'avant-pays espagnol ; ils s'installent au milieu d'une plaine. Les avant-gardes de Baligant reviennent auprès de leur maître et un des Syriens lui rend compte de sa mission : « Nous avons vu l'orgueilleux roi Charles. Ses hommes sont farouches et n'ont pas envie de l'abandonner. Armez-vous, la bataille est imminente. » À quoi Baligant répond : « Voici l'heure des prouesses. Sonnez de vos clairons pour l'annoncer à mes païens ! »

228 [v. 3137-3171]

Par toute l'armée ils font battre leurs tambours et sonner haut et clair trompettes et clairons. Les païens descendent de cheval pour s'armer. L'émir ne veut pas être en retard : il endosse sa cuirasse aux pans couleur de safran, lace son casque orné de pierres précieuses serties dans l'or, puis il met son épée à son côté gauche. Son orgueil lui a fait trouver un nom : à cause de celle de Charles dont il a entendu parler [...il l'appelle Précieuse...] et ce nom est son cri de ralliement sur le champ de bataille. Il le fait alors crier par ses chevaliers. Il suspend à son cou son grand et large bouclier dont la boucle est en or et le bord orné de cristal. La courroie en beau satin est décorée de rosaces. Il tient son épieu qu'il appelle Maltet : sa hampe a la grosseur d'une massue et son fer, à lui seul, représenterait la charge d'un mulet. Baligant enfourche son cheval de bataille ; Marcule d'outremer lui tenait l'étrier. Le seigneur Baligant a l'enfourchure très grande, les hanches étroites et le buste large, la poitrine ample et bien moulée, les épaules carrées et le teint très clair, la mine fière, les cheveux bouclés et aussi blancs que les fleurs au printemps. Il a déjà donné maintes preuves de sa bravoure. Dieu ! Quel chevalier il ferait si seulement il était chrétien ! Il éperonne son cheval dont il fait jaillir le sang tout clair. Il prend son élan et saute un fossé large d'environ cinquante pieds. Les païens s'exclament : « Voilà quelqu'un qui doit bien défendre nos provinces frontières ! Il n'y a pas un Français, s'il veut se mesurer à lui, qui, bon gré, mal gré, n'y perde la vie. Charles est fou de n'avoir pas pris la fuite. »

L'émir a vraiment l'allure d'un seigneur. Sa barbe a la blancheur d'une fleur. Il est érudit en ce qui concerne sa religion, farouche et hardi dans la bataille. Son fils Malpramis est un chevalier plein de vaillance. Grand et robuste, il a les traits de ses ancêtres. Il presse son père : « Sire, avançons donc ! Je serai bien étonné si jamais nous voyons Charles. » Baligant lui répond : « Mais si, nous le verrons car il est plein de vaillance. Bien des histoires chantent ses louanges. Mais il a perdu son neveu Roland et il n'aura plus la force de nous résister. »

« Malpramis, mon fils, continue Baligant, avant-hier soir Roland le brave chevalier a été tué ainsi que le courageux, le vaillant Olivier, les douze pairs que Charles aimait tant et vingt mille combattants de France. Tous les autres n'ont pas la moindre valeur à mes yeux. L'empereur Charles rebrousse chemin, c'est sûr, mon messager syrien m'en a apporté la nouvelle. Dix grandes compagnies [sont en route ?]. Il est plein de courage celui qui sonne du cor de Roland et son compagnon lui répond d'un coup de clairon éclatant. Tous deux en tête avancent à cheval, au premier rang, accompagnés de quinze mille Français, des jeunes gens que Charles appelle ses enfants. Derrière eux, il en vient au moins autant qui se battront farouchement. » Malpramis lui dit alors : « Je vous demande la faveur de frapper le premier. »

« Malpramis, mon fils, lui répond Baligant, je
satisfais toutes vos demandes. À l'instant même
vous irez attaquer les Français. Vous emmènerez
avec vous Torleu, le roi de Perse et Dapamort, un
autre roi leutice. Si vous pouvez mater le grand
orgueil des Français, je vous donnerai une partie
de mon pays, de Chériant jusqu'au Val Marchis. »
Réponse de Malpramis : « Sire, je vous en remercie ! » Il s'avance et reçoit le don symbolique de la
terre qui avait été la propriété du roi Flori. Mais
c'est à une heure de malchance puisque Malpramis
ne devait jamais la voir et pas davantage en recevoir l'investiture ni en prendre possession.

L'émir s'avance à cheval au milieu de ses troupes suivi de son fils qui a une très belle taille. Le
roi Torleu et le roi Dapamort forment tout de suite
trente compagnies. Ils ont des chevaliers en nombre stupéfiant. Dans la plus petite compagnie on
en trouve cinquante mille. La première est compo-
sée de ceux de Butentrop, la seconde de Misnes.
Ils ont des têtes énormes et leurs échines, au milieu
du dos, sont couvertes de soies, exactement comme
celles des porcs. La troisième est formée de Nubles
et de Blos, la quatrième de Bruns et d'Esclavons,
la cinquième de Sorbres et de Sors, la sixième
d'Arméniens et de Maures, la septième de ceux de

Jéricho, la huitième de Nègres, la neuvième de Gros et la dixième de ceux de Balide la Forte. C'est un peuple qui fut toujours malfaisant. L'émir jure tant et plus par les miracles et le corps de Mahomet : « Il est fou, Charles de France, de s'avancer ainsi ! Il y aura une bataille s'il ne l'esquive pas et plus jamais sa tête ne portera la couronne d'or. »

233   [v. 3237-3251]

Ensuite, ils forment dix autres compagnies. La première est faite de Chananéens hideux. Ils sont venus de Val Fuit par un chemin de traverse. La deuxième est faite de Turcs, la troisième de Persans, la quatrième de Pincenois et de Persans [?], la cinquième de Soltras et d'Avars, la sixième d'Ormaleus et d'Eugiès, la septième est du peuple de Samuel, la huitième de Bruise, la neuvième de Clavers et la dixième est faite des habitants du désert d'Occian. C'est un peuple qui n'est pas au service de Dieu notre Seigneur. Ce sont les pires traîtres dont vous puissiez jamais entendre parler. Leur peau est aussi dure que du fer, aussi n'ont-ils besoin ni de casque ni de cuirasse. Au combat, ils sont violents et acharnés.

234   [v. 3252-3264]

L'émir a formé dix compagnies. La première est faite des géants de Malprose, la seconde des Huns, la troisième des Hongrois, la quatrième de ceux de Baldise la longue, la cinquième de ceux de Val Peneuse, la sixième de ceux de Marose, la septième de ceux de Leus et d'Astrimoines, la huitième de ceux d'Argoilles, la neuvième de ceux de Clarbonne, la dixième des barbus de Fronde, race qui n'adora jamais Dieu. D'après l'Histoire des Francs il y avait trente compagnies. Immenses sont les armées où retentissent les trompettes. Les païens chevauchent comme de vaillants chevaliers.

[v. 3265-3278]   235

L'émir est un personnage très puissant. Devant lui il fait porter son dragon, les étendards de Tervagant et de Mahomet et une statue du traître Apollin. Dix Chananéens chevauchent à côté. De toutes leurs forces, ils clament des recommandations pieuses : « Qui veut obtenir son salut de nos dieux doit les prier et les servir très humblement ! » Les païens baissent têtes et mentons, inclinant très bas leurs casques brillants. Les Français leur lancent : « Canailles ! voici venue l'heure de votre mort ! Puissiez-vous aujourd'hui subir une déroute fatale ! Et vous, notre Dieu, protégez Charles. Que cette bataille soit [gagnée] pour sa gloire. »

[v. 3279-3290]   236

L'émir est un très grand stratège. Il fait venir son fils et les deux rois : « Seigneurs chevaliers, vous vous porterez en tête et vous conduirez toutes mes compagnies. Pourtant, je veux m'en réserver trois parmi les meilleures. La première sera faite de Turcs, la seconde d'Ormaleis et la troisième des géants de Malprose. Ceux d'Occiant demeureront

avec moi. Ils affronteront Charles et les Français.
L'empereur s'il se mesure à moi, doit avoir la tête
séparée du buste. Qu'il en soit bien certain, ce sera
son seul droit. »

237 [v. 3291-3304]

Grandes sont les deux armées et magnifiques
leurs compagnies. Rien ne les sépare, ni montagne,
ni vallée, ni hauteur, ni forêt, ni bois, nul endroit
où se cacher. De part et d'autre elles se voient net-
tement en plein terrain découvert. Baligant crie :
« Oh ! mon peuple païen, cours donc au-devant de
la bataille ! » Amborre d'Oluferne porte leur oriflamme. Les païens poussent leur cri de guerre qui
est : « Précieuse ». Les Français répliquent : « Que
ce jour soit celui de votre défaite ! » Très fort, ils
clament à nouveau « Montjoie ». L'empereur fait
retentir ses clairons et le cor qui les remplissent
tous d'enthousiasme. Les païens reconnaissent :
« L'armée de Charles est belle. Nous aurons une
bataille acharnée et terrible. »

238 [v. 3305-3328]

La plaine est vaste et la campagne s'étend au loin.
Les casques aux pierres serties dans l'or brillent
ainsi que les boucliers, les cuirasses couleur de
safran, les épieux et les bannières fixées aux hampes. Des clairons s'élève un chant éclatant, tandis
que le cor lance haut et loin ses appels. L'émir fait
venir son frère Canabeus, le roi de Floredée qui
possède le pays jusqu'au Val Sevrée. Il lui montre

les compagnies de Charles : « Voyez l'orgueil de cette France si renommée ! L'empereur chevauche d'un air superbe. Le voici en arrière avec cette troupe de guerriers barbus. Ils ont étalé sur leurs cuirasses leurs barbes aussi blanches que neige sur glace. Ils donneront de bons coups de lances et d'épées. Nous aurons une bataille violente et acharnée. Jamais personne n'aura vu un tel affrontement. Un peu plus loin qu'on lancerait une baguette écorcée, Baligant se place en avant de ses troupes. Il leur crie ces mots en leur donnant l'exemple : "En avant, païens, car je prends le départ." Il brandit la hampe de son épieu dont il a tourné la pointe vers Charles.

[v. 3329-3344]   239

Quand Charlemagne voit l'émir, le dragon, la bannière, l'étendard, l'immense armée des païens d'Arabie recouvrant le pays tout entier, à l'exception de la place qu'il occupe lui-même, lui, le roi de France, il clame à pleine voix : « Seigneurs français, vous êtes de vaillants chevaliers ! Vous avez si souvent combattu sur les champs de bataille ! Voyez ces païens, ce sont des traîtres et des lâches. Toute leur religion ne leur sert à rien. Seigneurs, qu'importe leur masse ! Et maintenant, que celui qui ne veut pas me suivre s'enfuie ! » Puis il éperonne son cheval et Tencendor bondit quatre fois. Les Français s'exclament : « Notre roi est un vaillant guerrier ! En avant sire, aucun de nous ne vous abandonnera ! »

C'était dans la lumière brillante d'un jour éclatant de soleil. Les armées sont belles et les troupes
imposantes. Les compagnies placées à l'avant s'affrontent. Le comte Rabel et le comte Guinemant
lâchent la bride à leurs chevaux rapides qu'ils éperonnent avec vigueur. Alors les Français laissent les
leurs prendre le galop. Ils courent frapper de leurs
épieux tranchants.

Le comte Rabel est un chevalier intrépide. Il
pique son cheval de ses éperons d'or pur et court
frapper Torleu, le roi persan. Pas plus bouclier que
cuirasse ne peuvent supporter le choc. Il lui a
planté dans le corps son épieu doré si bien qu'il
l'abat raide mort dans les broussailles. Les Français
demandent : « Que Dieu notre Seigneur nous aide !
Charles a le droit pour lui, nous ne devons pas
l'abandonner ! »

Et Guinemant de son côté affronte un roi leutice. Il brise tout son bouclier orné de fleurs puis il
met en pièces sa cuirasse et lui enfonce sa bannière
tout entière dans le corps si bien qu'il l'abat raide
mort, qu'on en pleure ou qu'on en rie. Devant ce
coup, les Français s'écrient : « Frappez, seigneurs

et vite ! Charles est dans son droit contre cette race [exécrée ?]. Dieu nous a fait participer au plus juste de ses jugements. »

Malpramis monte un cheval entièrement blanc. Il se lance au plus épais des rangs français. À tout moment il frappe de grands coups : il renverse souvent mort sur mort. Baligant est le premier de tous à s'écrier : « Seigneurs je vous ai longtemps formés. Voyez mon fils en train de chercher à joindre Charlemagne tout en défiant les armes à la main tant de chevaliers. Je ne peux pas souhaiter meilleur guerrier que lui. Allez l'aider avec vos épieux tranchants ! » À ces mots les païens se jettent en avant, ils portent de rudes coups : la mêlée est générale. La bataille est prodigieuse et meurtrière. Nul n'en a vu ni n'en verra de plus rude.

Les armées sont imposantes et les troupes farouches. Voilà que toutes les compagnies s'affrontent et les coups des païens sont prodigieux. Dieu, que de hampes brisées en deux, de boucliers en miettes, de cuirasses déchiquetées ! Là, vous auriez pu en voir la terre toute recouverte. Et l'herbe du champ est verte et délicate ! [...] L'émir encourage les siens : « Frappez seigneurs sur la race des chrétiens ! » La bataille est si dure et si acharnée que nul n'a vu ni ne verra d'affrontements aussi violents. Impossible d'en finir avant la nuit.

L'émir exhorte ses hommes : « Frappez païens, vous n'êtes venus que pour cela ! Je vous donnerai des femmes nobles et belles, je vous donnerai des fiefs, des domaines et des terres ! » Les païens répondent : « Oui c'est bien ce que nous devons faire. » Leurs coups sont si violents qu'ils y laissent leurs épieux ; alors ils sont plus de cent mille à tirer leurs épées. Voici une mêlée douloureuse et effrayante. Il a vraiment le spectacle d'une bataille celui qui veut être au beau milieu.

L'empereur encourage ses Français : « Seigneurs chevaliers, vous avez mon affection et toute ma confiance. Pour moi vous avez livré tant de batailles, conquis des royaumes et renversé des rois ! Je le reconnais volontiers : je vous dois une récompense en payant de ma personne, de mes domaines, de mes biens. Vengez vos fils, vos frères, vos héritiers tués l'autre soir à Roncevaux. Vous le savez déjà, le bon droit est pour moi, contre les païens. » Les Français lui répondent : « Sire, vous dites la vérité. » Il y a autour de lui vingt mille chevaliers de cette trempe qui, d'une voix unanime, lui jurent fidélité. La crainte de la mort ni l'angoisse ne les feront l'abandonner. Tous font bon emploi de leur lance et aussitôt après frappent de leurs épées. La bataille est d'une violence angoissante.

Malpramis à cheval au milieu du champ de bataille fait un grand massacre de Français. Le duc
Naimes l'observe d'un air farouche et court le frapper en vaillant guerrier. Il brise le bord de son bouclier, enlève le doré couleur de safran des deux pans
de sa cuirasse, lui enfonce dans la poitrine toute sa
bannière jaune si bien qu'il l'abat raide mort parmi
une foule d'autres.

Le roi Canabeus, frère de l'émir, éperonne vigoureusement son cheval, tire son épée au pommeau
de cristal et frappe le duc Naimes sur son casque
princier [?] dont il brise la moitié d'un côté et, du
tranchant de son épée, il coupe cinq des attaches.
Son capuchon ne le protège pas du tout : Canabeus fend jusqu'à la chair la coiffe dont il projette
une partie à terre. Le coup était rude et le duc en
reste tout hébété. Il serait tombé à l'instant même
sans l'aide de Dieu. Il se cramponne au cou de son
cheval mais si le païen l'avait frappé une seconde
fois le noble seigneur serait mort sur-le-champ.
Charles le roi de France survient et se porte à son
secours.

Une angoisse terrible étreint le duc Naimes tandis
que le païen pousse vivement le roi à frapper [?].

Charlemagne l'apostrophe : « Canaille c'est pour ton malheur que tu as porté la main sur lui ! » Il court sur le païen pour le frapper de toute son ardeur. Il brise son bouclier et le lui broie contre le cœur. Il fend le haut de sa cuirasse si bien qu'il l'abat raide mort et la selle se vide de son cavalier.

250   [v. 3451-3462]

Le roi Charlemagne éprouve une très vive douleur quand il voit Naimes blessé devant lui et son sang très clair couler sur l'herbe verte. L'empereur lui dit à voix basse : « Bon seigneur Naimes, restez donc à cheval auprès de moi. Il est mort le vaurien qui vous plongeait dans l'angoisse. Je lui ai planté mon épée dans le corps une fois pour toutes. » Le duc lui répond : « Sire, je m'en remets à vous. Si je reste encore un peu en vie vous en serez largement payé. » Puis ils avancent serrés l'un près de l'autre comme de grands amis fidèles. Il y avait avec eux vingt mille Français de cette trempe et pas un seul qui ne frappe ni ne tranche.

251   [v. 3463-3472]

L'émir chevauche à travers le champ de bataille. Il court frapper le comte Guinemant, brise son bouclier blanc contre son cœur, déchire les pans de sa cuirasse, partage sa poitrine en deux si bien qu'il l'abat raide mort de son cheval rapide. Puis il tue Géboin et Lorant et le vieux Richard, le seigneur des Normands. Les païens s'exclament : « Quelle valeur a Précieuse ! Frappez seigneurs, c'est notre protectrice ! »

[v. 3473-3480]   252

Quel spectacle celui des chevaliers d'Arabie, de ceux d'Occiant, d'Argoille et de Bascle ! Avec violence leurs épieux frappent et tranchent. Mais les Français n'ont pas envie de fuir. Les deux camps perdent des leurs en masse. Jusqu'au soir la bataille est d'une extrême violence. Les pertes des seigneurs français sont considérables. Il y aura bien des deuils avant la fin de la bataille.

[v. 3481-3507]   253

Français et Arabes frappent de leur mieux. Lances et épieux fourbis se brisent. Qui aurait vu les boucliers défoncés, qui aurait entendu le choc bruyant des cuirasses blanches, le grincement des boucliers heurtant les casques, qui aurait vu la chute de ces chevaliers, entendu leurs hurlements avant de mourir à terre, celui-là garderait gravé en lui le souvenir d'une terrible souffrance. C'est là une bataille à peine soutenable. L'émir invoque Apollin, Tervagant et aussi Mahomet : « Mes seigneurs-dieux, je vous ai bien servis. Toutes les statues que je vous ferai élever seront en or pur [...]. » Voici que se présente devant lui un de ses intimes, Gemalfin, porteur de mauvaises nouvelles. Il lui dit : « Baligant, sire, un grand malheur vous frappe aujourd'hui. Vous avez perdu Malpramis votre fils et votre frère Canabeus a été tué. Deux Français

ont eu cette chance. L'un est l'empereur, me semble-t-il. Il a une belle taille et l'allure d'un grand
seigneur ; sa barbe est aussi blanche que les fleurs
d'avril. » Cette nouvelle fait que l'émir incline son
casque et qu'aussitôt la douleur assombrit son
visage. Sa souffrance est si profonde que sur le
coup il pense en mourir. Alors il appelle Jangleu
d'outre-mer.

254 [v. 3508-3519]

L'émir lui commande : « Jangleu, approchez.
Vous êtes un homme vaillant et plein de sagesse.
J'ai toujours sollicité [...] vos conseils. Quel est
votre avis sur les Arabes et les Français ? Aurons-
nous la victoire sur ce champ de bataille ? » Celui-
ci lui répond : « Vous êtes perdu, Baligant ! Vos
dieux ne vous défendront plus. Charles est farouche et ses hommes pleins de vaillance. Jamais je
n'ai vu de race aussi combative. Mais faites venir
les chevaliers d'Occiant, Turcs et Enfruns, Arabes
et Géants. Quoi qu'il doive advenir, faites vite ! »

255 [v. 3520-3530]

L'émir étale sur sa cuirasse sa barbe aussi blanche que l'aubépine. Quoi qu'il arrive, il ne veut pas
se cacher. Il embouche une trompette sonore dont
il tire un son si éclatant que ses païens l'entendent.
À travers tout le champ de bataille il bat le rappel
de ses troupes. Ceux d'Occiant braient et hennis-
sent. Ceux d'Argoille aboient comme des chiens.
Ils assaillent les Français avec une telle audace que

les rangs les plus serrés cèdent et se disloquent.
Après cet assaut, sept mille Français morts jonchent
le sol.

Le comte Ogier n'a jamais su ce qu'était la peur.
Jamais un meilleur guerrier n'a revêtu l'armure.
Quand il voit céder les compagnies des Français, il
appelle Thierry, duc d'Argonne, Geoffroy d'Anjou
et le comte Jozeran. Il interpelle Charlemagne avec
véhémence : « Voyez comme les païens massacrent
vos hommes ! Que Dieu ne permette plus que
votre tête porte la couronne si vous ne frappez pas
immédiatement pour venger votre honte ! » Pas un
mot de réponse chez les Français, mais ils éperonnent vigoureusement leurs chevaux et, les laissant galoper à fond de train, ils courent frapper les
païens partout où ils les trouvent.

Le roi Charlemagne n'y va pas de main morte
tout comme le duc Naimes, Ogier le Danois et
Geoffroy d'Anjou qui porte l'enseigne. Ogier le
Danois est plein de vaillance, il éperonne son
cheval ; le laissant galoper à fond de train, il court
frapper le porteur du dragon si bien qu'à ses pieds
il abat sur place et Amborre et le dragon et l'enseigne royale. À la vue de sa bannière qui tombe,
de l'étendard de Mahomet avili, l'émir commence
à prendre conscience de son tort et du bon droit de
Charlemagne. Déjà les païens d'Arabie s'enfuient à

plus de cent [?]. Quant à l'empereur, il fait appel aux siens : « Dites-moi, seigneurs, au nom de Dieu, si vous viendrez à mon aide ? » Les Français répliquent : « C'est bien à tort que vous posez la question ! Qu'il soit le dernier des traîtres celui qui ne frappera pas à tour de bras ! »

258   [v. 3560-3578]

Le jour baisse et le soir approche. Les Français et les païens continuent à frapper de leurs épées. Ce sont deux chefs vaillants qui ont fait s'affronter ces armées. Ils se souviennent de leur cri de guerre : l'émir lance « Précieuse » et Charles « Montjoie », le cri fameux. L'un et l'autre se sont reconnus à leurs voix fortes et éclatantes. Au milieu du champ de bataille, c'est le face-à-face. Ils courent se frapper, échangent de grands coups d'épieu sur leurs boucliers ornés de cercles. Il les brisent au-dessus de leurs larges boucles. Ils déchirent des pans de leurs cuirasses, sans pourtant se blesser. Les sangles se rompent, leurs selles basculent et les deux rois tombent à terre, se retournent et se remettent aussitôt debout. Bravement ils tirent leurs épées. Rien ne peut plus maintenant arrêter leur duel ; il ne se terminera pas sans mort d'homme.

259   [v. 3579-3588]

C'est un vaillant guerrier que Charles de la douce France, mais l'émir devant lui n'a ni crainte, ni peur. Ils brandissent leurs épées toutes nues et ils échangent des coups furieux sur leurs boucliers, tranchent les cuirs et les montures de bois pourtant doubles. Les clous tombent, les boucles sont réduites en miettes. Alors ils frappent sur leurs cuirasses découvertes. De leurs casques brillants jaillissent des étincelles de feu. Cette bataille ne pourra cesser avant que l'un des deux n'ait reconnu son tort.

[v. 3589-3601]   260

L'émir prend la parole : « Allons, Charles, réfléchis bien. Décide-toi à me demander pardon ! Tu as tué mon fils, je le sais, et bien injustement tu me disputes mon pays. Deviens mon vassal [...] jusqu'en Orient pour me servir. » Charles réplique : « Ce serait, je crois, m'avilir honteusement. Je ne dois donner ni paix ni amitié à un païen. Reçois plutôt la religion révélée par Dieu, la religion chrétienne et dès maintenant tu auras mon affection. Puis fais hommage de ton service et de ta foi au roi tout-puissant. » Réponse de Baligant : « Voilà pour commencer un mauvais sermon ! » Alors ils en reviennent aux coups d'épée.

[v. 3602-3611]   261

L'émir est un homme d'une force étonnante. Il porte un tel coup sur le casque d'acier brun de Charlemagne qu'il le lui brise complètement sur la tête. L'épée atteint ses cheveux fins et emporte un lambeau de chair bien plus large qu'une main. À cet endroit, l'os reste à nu. Charlemagne vacille et il s'en faut de peu qu'il ne tombe. Mais Dieu ne veut ni sa mort ni sa défaite. Saint Gabriel descend à nouveau vers lui et lui demande : « Grand roi, que fais-tu ? »

262 [v. 3612-3624]

Quand Charles entend la sainte voix de l'ange il n'éprouve plus ni crainte ni peur de la mort. Force et confiance lui reviennent. Il frappe l'émir avec son épée de France, brise son casque étincelant de joyaux, lui ouvre le crâne d'où la cervelle se répand et lui fend la tête de haut en bas jusqu'à sa barbe blanche. Il l'abat raide mort sans remède possible Charlemagne crie « Montjoie » pour rallier les siens. À ce signal le duc Naimes survient. Il prend la bride de Tencendur et le grand roi remonte à cheval. Les païens s'enfuient car Dieu ne veut pas qu'ils se maintiennent sur place. Voilà les Français parvenus à leurs fins.

263 [v. 3625-3632]

Les païens s'enfuient car c'est la volonté de Dieu. Les Français les talonnent et l'empereur également. Il s'écrie : « Seigneurs, vengez vos morts, soulagez votre colère et que vos cœurs rayonnent car ce matin même j'ai vu les larmes couler de vos yeux. » Les Français répondent : « Sire, c'est ce que nous devons faire. » Chacun frappe de toutes ses forces et bien peu de païens qui participaient à la bataille en réchappent.

La chaleur est torride et la poussière monte du champ de bataille. Les païens s'enfuient et les Français leur causent une peur panique. Ils les talonnent jusqu'à Saragosse. Bramimonde est montée tout en haut de sa tour avec ses clercs et ses chanoines, des hérétiques que Dieu déteste depuis toujours ; ils n'ont reçu ni les ordres ni la tonsure. En voyant pareille débâcle des Arabes, elle s'écrie d'une voix forte : « Au secours, Mahomet ! Ah ! noble roi, voilà nos hommes vaincus, l'émir tué et si honteusement. » À ces mots Marsile se tourne vers le mur, des larmes coulent de ses yeux et sa tête s'affale. Il meurt de douleur sous le poids du désastre et il donne son âme aux démons les plus ignobles.

Les païens sont morts [...] et Charles a gagné la bataille. Il fait abattre la porte de Saragosse. Maintenant il sait bien qu'elle ne sera plus jamais défendue ! Il s'empare de la ville et y fait entrer ses hommes. Forts de leurs droits de conquérants, ils y couchent cette nuit-là. Il en est très fier, le roi à la barbe toute blanche. Quant à Bramimonde, elle lui a fait remettre les tours dont dix sont grandes et cinquante petites. La réussite appartient aux protégés de Dieu notre Seigneur.

Le jour s'achève, la nuit est tombée. La lune est
brillante et les étoiles scintillent. L'empereur est
maître de Saragosse. Mille Français sont chargés
de passer au crible la ville, les synagogues et les
mosquées. Maillets de fer et cognées en mains, ils
fracassent les statues et toutes les idoles. Il n'y sub-
sistera ni sorcellerie, ni hérésie. Le roi croit en
Dieu et veut le servir. Aussi les évêques bénissent-
ils les eaux et les païens sont conduits au baptistère. Mais s'il y en a qui résistent à Charles, il les
fait pendre, brûler ou passer par les armes. Beaucoup plus de cent mille sont baptisés et ils deviennent de véritables chrétiens. Une seule exception :
la reine. Elle sera emmenée captive en douce France
car le roi veut que sa conversion soit l'œuvre de
l'amour divin.

La nuit s'achève et voici la brillante lumière du
jour. Dans les tours de Saragosse, Charlemagne
laisse en garnison mille chevaliers : ces combattants
pleins d'ardeur gardent la ville pour le compte de
l'empereur. Le roi remonte à cheval avec tous ses
hommes et Bramimonde qu'il emmène en captivité
sans autre pensée que de lui faire du bien. Les
voilà sur le chemin du retour, joyeux et gais. Au
passage ils prennent Narbonne de haute lutte.
Charles atteint Bordeaux, la cité de [...]. Sur l'autel
du noble saint Seurin on place le cor de Roland
rempli d'or et de mangons. Les pèlerins qui s'y

rendent peuvent encore le voir. L'empereur traverse ensuite la Gironde à bord des grands navires qui s'y trouvent. Il conduit jusqu'à Blaye les corps de son neveu, d'Olivier son noble compagnon et de l'archevêque, homme sage et vaillant. Il fait placer les trois seigneurs dans des cercueils blancs. Là, ils reposent dans l'église de Saint-Romain. Les Français les confient à Dieu et à ses titres. Puis Charles traverse à cheval vallées et montagnes sans vouloir faire halte avant d'atteindre Aix. Il a tant chevauché qu'il met le pied sur la borne pour descendre de cheval. Une fois arrivé dans son palais souverain, par l'intermédiaire de ses messagers, il convoque ses juges : Bavarois, Saxons, Lorrains et Frisons. Il convoque les Allemands, il convoque les Bourguignons, les Poitevins, les Normands, les Bretons et tous les hommes les plus sages de France. Alors commence le procès de Ganelon.

[v. 3705-3722]   268

L'empereur de retour d'Espagne est revenu à Aix-la-Chapelle, la meilleure de ses résidences en pays franc. Il monte au palais et pénètre dans la grande salle. Aude, une belle jeune fille vient vers lui et lui demande : « Où est Roland, le chef puissant, qui m'a juré de faire de moi sa femme ? » À cette question, Charles est accablé de douleur, les larmes coulent de ses yeux, il pleure et tire sa barbe blanche : « Mon enfant, ma chère amie, tu me demandes des nouvelles d'un mort. Mais à sa place je veux te donner quelqu'un d'infiniment supérieur : c'est Louis, je ne pourrais mieux dire. Il

est mon fils et à ce titre il gouvernera mon empire. »
Aude lui répond : « Voilà pour moi des paroles stupéfiantes. Que ni Dieu, ni ses saints, ni ses anges
ne permettent que je survive à Roland. » Elle blê-
mit, tombe aux pieds de Charlemagne et meurt
aussitôt. Que Dieu ait pitié de son âme ! Alors les
seigneurs français pleurent et s'apitoient sur elle.

269 [v. 3723-3733]

La belle Aude n'est plus. Mais le roi pense
qu'elle est seulement évanouie. Il en a pitié et se
met à pleurer. Il la prend par les mains et la relève,
mais sa tête reste inclinée sur son épaule. Quand
Charles voit qu'elle est morte, il fait aussitôt venir
quatre comtesses. On l'emporte dans un monastère
de religieuses. On la veille toute la nuit jusqu'à
l'aube. Puis devant un autel on l'enterre en grande
pompe et le roi lui rend de très grands honneurs.

270 [v. 3734-3741]

L'empereur est revenu à Aix. Le traître Ganelon
entravé de chaînes de fer est dans la ville, devant le
palais. Des serfs l'attachent à un poteau, lui liant
les mains avec des courroies en peau de cerf. Ils le
frappent à tour de bras avec des bâtons et des triques. Il n'a pas mérité d'autre récompense. Là il
souffre terriblement en attendant son procès.

271 [v. 3742-3749]

Il est écrit dans l'Histoire d'autrefois que Charles
a convoqué ses vassaux de nombreuses provinces.

Ils se rassemblent à Aix-la-Chapelle. C'est un grand jour, une fête solennelle et, d'après certains, celle du Seigneur saint Sylvestre. Alors commence le récit du procès de Ganelon qui a trahi. L'empereur l'a fait traîner à ses pieds.

[v. 3750-3761]   **272**

« Seigneurs chevaliers, déclare Charlemagne, allons, jugez-moi Ganelon conformément au droit. Il était dans l'armée qui m'a suivi en Espagne mais il m'a fait perdre vingt mille de mes Français parmi lesquels mon neveu que vous ne reverrez jamais plus, Olivier le vaillant, le courtois et aussi les douze pairs qu'il a trahis pour de l'argent. » Ganelon admet : « Je serais un traître si je le niais. Roland m'a causé un préjudice concernant mon or et mes biens. C'est pourquoi j'ai machiné sa mort et son anéantissement. Mais la trahison je la récuse absolument. » Les Français répondent : « Maintenant nous allons en délibérer. »

[v. 3762-3779]   **273**

Ganelon reste là, debout devant le roi. Son corps est vigoureux et son visage a de belles couleurs. S'il était loyal, il aurait tout d'un chevalier. Il regarde d'un côté les Français et tous ses juges et de l'autre trente de ses parents qui soutiennent sa cause. Puis il s'écrie d'une voix tonnante : « Pour l'amour de Dieu, chevaliers, prêtez-moi donc toute votre attention ! Seigneurs, je faisais partie de l'armée de l'empereur que je servais en toute fidélité et amitié.

Mais son neveu Roland m'a pris en haine et m'a voué à la mort et à la souffrance : j'ai été envoyé comme messager auprès du roi Marsile. Mon habileté m'a sauvé la vie. J'ai alors défié l'intrépide Roland ainsi qu'Olivier et tous leurs compagnons. Charles et ses nobles seigneurs l'ont entendu. Vengeance de ma part, oui ! trahison, non ! » Les Français répondent : « Nous irons en délibérer. »

274 [v. 3780-3792]

Au moment où Ganelon voit que son grand procès commence, trente de ses parents se trouvent auprès de lui. L'un d'entre eux a toute leur confiance. C'est Pinabel du château de Sorence. Il est habile à parler et à convaincre, mais c'est aussi un vaillant combattant quand il doit défendre sa réputation de guerrier. Ganelon s'adresse à lui : « Mon ami [...], préservez-moi aujourd'hui de la mort et du procès ! » Pinabel lui répond : « Vous serez bientôt sauvé. Si un Français juge que vous méritez d'être pendu, l'empereur devra nous faire lutter corps à corps et l'acier de mon épée donnera le démenti à mon adversaire. » Le comte Ganelon lui fait don de sa personne en se jetant à ses pieds.

275 [v. 3793-3806]

Bavarois et Saxons se sont rendus au conseil ainsi que Poitevins, Normands et Français. Il y a aussi beaucoup d'Allemands et de Thiois. Ceux d'Auvergne sont les plus courtois. Ils font preuve de beaucoup de mesure à cause de Pinabel. Ils se disent entre eux : « Mieux vaut en rester là ! Abandonnons le procès et prions le roi de proclamer Ganelon quitte pour cette fois. Désormais il devra le servir en toute fidélité et amitié. Roland est mort et jamais plus vous ne le reverrez. Ni l'or ni l'argent ne pourront vous le rendre. Bien fou celui qui combattrait maintenant pour lui. » Tous sont d'accord et approuvent ces paroles à l'exception d'un seul : Thierry, le frère de monseigneur Geoffroy.

[v. 3807-3814]   **276**

Les seigneurs de Charlemagne reviennent auprès de lui et déclarent : « Sire, nous vous prions de proclamer quitte le comte Ganelon et qu'ensuite il vous serve en toute fidélité et amitié. Laissez-lui la vie car c'est un homme de très grande noblesse. Même s'il meurt on ne reverra [... ?] et ce n'est pas de l'argent qui pourra jamais nous le rendre. » Le roi leur réplique : « Vous êtes des traîtres envers moi. »

[v. 3815-3837]   **277**

Quand Charles se rend compte que tous l'abandonnent, il baisse la tête, le visage sombre. La douleur qu'il éprouve le fait se traiter de malheureux. Mais voici qu'arrive devant lui un chevalier : Thierry, le frère de Geoffroy, un duc angevin. C'est un homme maigre, frêle et élancé, aux cheveux noirs et au visage plutôt brun. Sans être de grande taille, il n'est pas non plus trop petit. Il s'adresse courtoisement à l'empereur : « Sire, mon bon roi, ne vous désespérez pas ainsi ! Vous savez bien que je vous ai longtemps servi. Pour être digne de mes ancêtres, j'ai le devoir de relever cette accusation. Quel que soit le préjudice que Roland ait pu causer à Ganelon, le premier était à votre service et cela aurait bien dû le protéger. Ganelon est un traître puisqu'il a trahi Roland. Envers vous il s'est montré parjure et criminel. Pour ces raisons, je juge qu'il mérite la mort par pendaison, et qu'on doit le [...] en traître reconnu tel. Mais si un de ses parents veut m'en donner le démenti, avec cette épée que je porte au côté, je suis résolu à défendre tout de suite mon accusation. » Les Français répondent : « Voilà qui est bien dit. »

Alors Pinabel se présente devant le roi. Il est grand, robuste, courageux et il a la riposte rapide. Un seul de ses coups met fin à une vie. Il s'adresse au roi : « Sire, vous dirigez ce conseil : commandez donc qu'il n'y ait pas un tel vacarme ! Voilà Thierry qui a porté une accusation. Dans ces conditions, je veux lui infliger un démenti, je me battrai contre lui pour y parvenir. » Il met dans la main du roi son gant droit en peau de cerf. Charlemagne déclare : « Je demande de sérieux garants pour servir de caution. » Alors vis-à-vis de Charlemagne, trente parents se portent garants de sa loyauté. Le roi décide : « Entendu, je vais libérer Ganelon sous votre caution. » Il les fait placer sous surveillance jusqu'au moment du verdict.

Lorsque Thierry voit que la bataille aura lieu, il offre à Charles son gant droit. L'empereur se porte garant de lui en livrant des otages qui servent de caution. Puis il fait porter sur la place quatre bancs où vont s'asseoir les futurs combattants. Ils se sont provoqués dans les formes, tous le reconnaissent. C'est Ogier de Danemark qui a mené les négociations. Puis les deux adversaires réclament leurs chevaux et leurs armes.

Puisqu'ils ont achevé les préparatifs de la bataille, ils se confessent, se font absoudre et bénir. Ils entendent la messe, reçoivent la communion, font des offrandes fastueuses aux églises. Puis revenant tous deux devant Charles, ils chaussent leurs éperons, revêtent leur cuirasse blanche, robuste et légère. Ils ajustent sur leur tête leur casque brillant, mettent à leur côté leur épée dont la garde est d'or pur, suspendent à leur cou leur bouclier à quartiers. Ils tiennent leur épieu tranchant dans la main droite, puis enfourchent leurs chevaux rapides. Alors cent mille chevaliers se mettent à pleurer. Ils ont pitié de Thierry, défenseur de Roland. Mais Dieu sait très bien quelle sera la fin.

Au pied d'Aix s'étend une vaste prairie. Les préparatifs de la bataille des deux chevaliers sont achevés. Tous deux sont vaillants et intrépides, leurs chevaux rapides et fougueux. Ils les éperonnent vigoureusement et les lancent à bride abattue. De toutes leurs forces, ils vont échanger de grands coups. Leurs deux boucliers sont brisés et mis en pièces. Leurs cuirasses se fendent et les sangles des selles sont tranchées, leurs trousséquins tournent et les selles tombent à terre. À ce spectacle, cent mille hommes se mettent à pleurer.

Voilà les deux chevaliers à terre. Mais très vite ils se remettent debout. Pinabel est vigoureux, vif et alerte. N'ayant plus de chevaux, ils s'affrontent corps à corps. Avec leurs épées à la garde d'or pur ils frappent à coups redoublés sur leurs casques d'acier. Les coups sont si violents qu'ils fendent les casques. Les chevaliers français sont plongés dans l'angoisse. « Ah ! mon Dieu, supplie Charlemagne, faites rayonner le droit ! »

Pinabel s'adresse à Thierry : « Allons, Thierry, reconnais que tu es vaincu. Je serai ton vassal en toute fidélité et amitié. De ce que je possède, je te donnerai autant que tu en souhaiteras. Mais fais réconcilier Ganelon et le roi ! » Thierry lui réplique :

« Pas de discussion là-dessus. Quel traître fini je serais si je faisais la moindre concession ! Que Dieu décide aujourd'hui qui de nous deux représente le droit ! »

Thierry continue : « Pinabel, tu es plein de vaillance, tu es grand, vigoureux, tu as le corps bien fait et tes pairs reconnaissent ta bravoure. Mais renonce donc à cette bataille ! Je te réconcilierai avec Charlemagne. Quant à Ganelon, justice sera si bien rendue que pas un jour ne passera sans qu'on l'évoque. » Pinabel riposte : « Puisse Dieu notre Seigneur ne pas le permettre ! Je veux défendre toute ma parenté. Aucun homme au monde ne m'obligera à m'avouer vaincu. Plutôt mourir que d'avoir à subir ce reproche ! » Alors leurs épées recommencent à frapper sur leurs casques garnis de pierreries serties dans l'or. Vers le ciel volent les étincelles éblouissantes. Il est maintenant impossible de les séparer. Le combat ne se terminera pas sans mort d'homme.

Pinabel de Sorence est d'une très grande bravoure. Il frappe Thierry sur son casque de Provence. Des étincelles de feu en jaillissent qui enflamment l'herbe. Il pointe vers Thierry son épée d'acier. Elle l'atteint au front et descend jusqu'au milieu du visage. Sa joue droite se couvre de sang et sa cuirasse se fend jusqu'au niveau de la ceinture. Mais Dieu l'a sauvé, empêchant qu'il soit renversé et tué.

286 [v. 3924-3933]

Thierry sent qu'il est blessé au visage. Son sang tout clair tombe sur l'herbe du pré. Il frappe Pinabel sur son casque d'acier brun qu'il entame et fend jusqu'au milieu du nez. Il fait couler sa cervelle hors de son crâne et il secoue si violemment son épée qu'il l'abat raide mort. Ce coup décide de la victoire. Les Français s'écrient : « C'est là un miracle de Dieu ! Il est bien juste que Ganelon soit pendu ainsi que ses parents qui ont été garants. »

287 [v. 3934-3946]

Thierry sort vainqueur de son combat. L'empereur Charles s'avance vers lui avec quatre de ses chevaliers, le duc Naimes, Ogier de Danemark, Geoffroy d'Anjou et Guillaume de Blaye. Il prend Thierry dans ses bras, lui essuie le visage avec ses grandes fourrures de martre. Il les enlève et on lui en met d'autres. Avec une extrême douceur on désarme le chevalier et on l'aide à monter sur une mule d'Arabie. Il s'en retourne joyeux accompagné d'une belle escorte de chevaliers. Ils reviennent à Aix et mettent pied à terre dans la ville. Maintenant on va exécuter les autres.

288 [v. 3947-3959]

Charles convoque ses comtes et ses ducs et leur dit : « Que me conseillez-vous au sujet des hommes que j'ai gardés ? Ils étaient venus au procès de Ganelon et s'étaient livrés en otages pour Pinabel. Les Français répondent : « Malheur s'il en survit un seul ! » Alors le roi fait appeler Basbrun, un de ses officiers de justice : « Va, lui dit-il, et pends-les tous à cet arbre maudit ! Par ma barbe aux poils blancs, si un seul en réchappe tu es un homme mort. » Basbrun lui répond : « Pourquoi agirais-je autrement ? » Puis, aidé de cent domestiques, il les entraîne de force. On les pend tous les trente. Celui qui trahit perd et lui-même et les autres.

[v. 3960-3974]   289

Puis s'en retournent Bavarois, Allemands, Poitevins, Bretons et Normands. Tous, et surtout les Français, sont unanimes pour que Ganelon meure dans d'atroces souffrances. On fait avancer quatre chevaux auxquels on attache ses pieds et ses mains. Les chevaux sont fougueux et rapides. Quatre domestiques les poussent vers un cours d'eau au milieu d'un champ. Ganelon s'achemine vers sa fin dernière. Tous ses tendons se déchirent et ses quatre membres s'arrachent de son corps. Son sang clair se répand sur l'herbe verte. Ganelon meurt comme doit mourir un lâche et un traître. Il est juste que tout homme qui trahit son semblable ne puisse s'en vanter.

[v. 3975-3987]   290

Une fois sa vengeance satisfaite, l'empereur convoque ses évêques de France, de Bavière et

d'Allemagne. Il leur déclare : « À ma cour il y a
une captive noble. Elle a entendu tant de sermons
et d'histoires pieuses qu'elle veut croire en Dieu et
demande à se convertir. Baptisez-la pour que Dieu
ait son âme. » Les évêques lui répondent : « Eh
bien, que des marraines la rendent chrétienne ! »
[…]. Aux bains d'Aix, il y a deux grands baptistères
[?]. C'est là qu'on baptise la reine d'Espagne en
lui donnant le nom de Julienne. Son adhésion à la
vraie foi l'a rendue chrétienne.

Après avoir rendu justice et apaisé sa violente
colère, l'empereur a fait pénétrer la foi chrétienne
en Bramimonde. Le jour baisse et la nuit tombe.
Le roi s'est couché dans sa chambre voûtée. Saint
Gabriel vient lui commander de la part de Dieu :
« Charles, rassemble les armées de ton empire ! Tu
iras, à marches forcées, dans le pays de Bire pour
porter secours au roi Vivien à Imphe, ville assiégée
par les païens. Les chrétiens t'implorent à grands
cris. » L'empereur voudrait ne pas partir : « Mon
Dieu, se plaint le roi, comme ma vie est lourde à
porter ! » Ses larmes coulent de ses yeux. Il tire sa
barbe blanche. Ici prend fin l'histoire que Turold
raconte.

NOTES

On remarquera qu'aucune note n'a été signalée par des numéros dans le cours de la traduction de *La Chanson de Roland*, afin de ne pas en hacher la lecture. Le lecteur ne sera pas interrompu mais il pourra s'interrompre de son propre gré, s'il le désire. L. Swellengrebel, traducteur américain de la Bible, ne dit-il pas plaisamment que lire un livre avec des notes en bas de page revient à être obligé pendant sa nuit de noces à descendre pour aller ouvrir aux visiteurs ?

Les notes que l'on trouvera ne sont pas destinées à éclairer la traduction mais soit à la justifier vis-à-vis d'autres interprétations possibles, soit, plus souvent, à offrir des compléments ou des commentaires littéraires ou historiques.

1

V. 2 « Sept années entières est resté en Espagne. »

En fait, l'expédition de 778 dura quelques mois seulement. Ces sept années de guerre de Charlemagne représentent, parmi tant d'autres, un exemple d'amplification épique. Ce chiffre grossira d'ailleurs avec les siècles et les chansons. Au XIIIe siècle avec Gui de Bourgogne, ce n'est plus sept ans mais vingt-sept ans que l'empereur a combattu en Espagne.

V. 6 « Exceptée Saragosse située sur une montagne. »

D'après Jacques Horrent, l'auteur du *Roland* a volontairement transformé le site de cette ville qui, de plaine, devient montagne, « erreur topographique momentanée et fonctionnelle destinée à donner à cette ville l'aspect d'une place forte imprenable » (J. Horrent : *L'Influence de l'Espagne sur quelques chansons de geste et sur le Pseudo-Turpin*, thèse dactylographiée, Liège, 1973, p. 56).

V. 8 « Car il sert Mahomet et invoque Apollin. »

Ce vers montre que le Moyen Âge français ignore le plus souvent que les musulmans sont monothéistes. Il voit dans Mahomet un des dieux musulmans, celui qu'il cite en général le premier, avant Apollin et Tervagant.

Quant à Apollin il ne semble pas qu'il soit en parenté avec l'Apollon des Grecs. Peut-être représenterait-il « une épithète donnée par les Arabes à Satan et signifiant "le maudit" » (Charles Pellat cité par Claude Régnier : *Les Rédactions en vers de la Prise d'Orange*, Klincksieck, 1966, note p. 320).

V. 9 « AOI »

Dans l'original, on trouve les majuscules énigmatiques AOI cent quatre-vingt-une fois, le plus souvent en fin de laisse. Gérard Moignet a relevé une dizaine d'interprétations dont refrain musical (Gaston Paris), appel à l'attention (*adaudi* : écoute, Crowley), erreur d'abréviation pour *Amen* (André de Mandach), cri de guerre (Devoto), exclamation d'enthousiasme (Ramón Menéndez Pidal). On a pu aussi y voir une simplification du grec *aoidos*, chanteur (Otis Green), ou la désignation symbolique d'Alpha, Omega, Iesus (Mermier).

2

V. 16 « L'empereur de la douce France. »

On a donné de cette expression une explication économique fondée sur l'état de la campagne française au XIᵉ siècle où « commence un défrichement intensif de la forêt qui s'était largement étendue durant un siècle d'invasions barbares, défrichement qui a donné à la France le visage que d'un mot... évoque le poète » (André Burger : *Turold, poète de la fidélité*, Genève, Droz, 1977, p. 67).

V. 23 « Blancandrin du château de Valfonde. »

Valfonde n'est pas identifié et mes notes ne comporteront pas, à quelques exceptions près, d'autres indications sur les noms de lieu, compte tenu de la remarque suivante de Jacques Horrent : « Sur les trente-neuf noms de lieu que contient *La Chanson de Roland*, nous pouvons en reconnaître avec quelques chances de succès une quinzaine. Sept se trouvent dans la vallée de l'Èbre (Saragosse, Berbegal, Balaguer, les Monegros, Tudela, Pine et peut-être Viana), deux dans le Levant (Valence et Burriana), deux en Andalousie (Séville et Cordoue), un en Nouvelle Castille (Tolède). L'un d'eux désigne une province tout entière (la Galice) et les trois derniers s'appliquent à des endroits très particuliers des Pyrénées occidentales (Roncevaux, Cize et Aspe). Enfin le poète connaît le nom de l'Èbre sous une forme catalane (ou septimanienne) et celui de Balaguer dans une forme catalane » (J. Horrent : *op. cit.*, p. 48).

3

V. 25 « Sa vaillance en faisait un excellent chevalier. »

À la différence de Lucien Foulet, je ne pense pas que le vers 25, où chevalier est pris comme adjectif, « indique toutes les qualités qui conviennent au chevalier modèle ». En fait le terme comporte une aire sémantique infiniment plus étendue que le vers 25 le laisserait supposer. Jean Flori, qui a fait une étude historique de « La Notion de chevalerie dans les chansons de geste au XIIe siècle », y découvre justement « trois sens principaux ainsi que douze connotations » (*Le Moyen Âge*, 1975, n° 2 et 3, p. 221). Je remarque par ailleurs après Lucien Foulet dans son glossaire que le terme de chevalier est appliqué aussi bien aux païens qu'aux chrétiens (glossaire publié par Joseph Bédier dans le même volume que les *Commentaires* sur *La Chanson de Roland*, Piazza, 1927).

V. 30-31 « Vous lui offrirez des ours, des lions, des chiens, sept cents chameaux et mille éperviers qui aient mué. »

Cette énumération des cadeaux à faire par le nouveau vassal se trouve dans de nombreuses chansons de geste sous des formes voisines, comme par exemple dans Huon de Bordeaux (XIIIe siècle) : « De ma part tu lui demanderas de m'envoyer mille éperviers qui aient mué, mille ours, mille lévriers bien enchaînés » (v. 2365-2366). On remarque dans les deux cas et dans la plupart des autres : « éperviers qui aient mué ». Cette précision a une grande importance. La mue est pour l'oiseau de proie une période très difficile au cours de laquelle il est surveillé avec soin car il risque des maladies parfois mortelles. C'est donc seulement après chaque mue qu'il retrouve sa force, sa valeur et devient capable d'être un appelant. On n'a pas oublié que le très bel épervier, enjeu de la bataille à laquelle participe Érec au début du roman de Chrétien de Troyes, a déjà mué cinq ou six fois.

4

V. 59 « La brillante, la belle Espagne. »

L'épithète « brillante » substituée à la traditionnelle « claire » peut s'expliquer par la connaissance qu'on avait déjà en France au XIe siècle de l'opulence éclatante de l'Espagne sous bien des formes, armes, armures, mosquées et palais par exemple. « Les descriptions de ces mosquées et de ces palais rapportées par ceux qui les avaient vus et transmises par les autres restaient tout de même en parenté avec la réalité... Ainsi le texte de *La Chanson de Roland*, comme la tradition littéraire puisant dans la réalité, s'allient et s'unissent à l'art : architecture, peinture et mosaïque, pour justifier et illustrer la "brillante" Espagne de Blancandrin » (Pierre Jonin, *Mosaic*, VIII/4, 1975).

V. 98 « [Il a] abattu les tours avec ses machines de guerre. »

Le terme « cadables » est souvent traduit par « pierrières » aujourd'hui peu employé. Je lui préfère le terme « machines de guerre ». Il s'agit très probablement d'engins à ressort tels que les décrit José Federico Finó qui relève aussi le terme de « caable », celui même du *Roland* : « Les engins à ressort d'origine romaine sont la catapulte et le scorpion, ce dernier souvent appelé *caable, chaable, cabulus* (les mots perriere ou pierrière paraissent s'appliquer à tout engin qui lance des pierres, fût-il à ressort ou à balancier). La baliste semble être tombée en désuétude et on la remplace par l'arbalète à tour qui tire son nom du treuil ou tour servant à bander un grand arc placé à l'avant d'un affût. L'engin peut lancer de longs javelots capables... de percer des palissades » (J.F. Finó : *Forteresses de la France médiévale*, Picard, 1970, p. 142-143).

V. 113 « Les jeunes, les plus turbulents, s'affrontent à l'escrime. »

« Cil bacheler leger » a suscité plusieurs interprétations dont léger, agile, fou. En traduisant par turbulent j'oppose « leger » à « saive » (raisonnable) et « cil bacheler » à « veill » (les plus âgés), pensant maintenir le parallélisme du texte et traduire la pensée de l'auteur. En effet sur le plan moral « leger » et « legerie » introduisent le plus souvent une notion de vivacité, de brusquerie avec tout ce que cela peut parfois comporter de déraison.

V. 140 « Ses paroles ne sont jamais trop promptes. »

Charlemagne concentré et mûrissant sa pensée ! Voilà un aspect de l'empereur qui ne nous est pas tellement familier.

La littérature, épique en particulier, nous le présente tantôt violent et emporté, tantôt lassé et enclin au désespoir, tantôt décrépit et l'esprit en déroute. Il est tout cela dans *La Chanson de Roland* mais aussi réfléchi à ses heures. Trait particulier dû au génie particulier de l'auteur ? Turold, s'il faut absolument lui donner un nom, est certes un créateur assez puissant et assez original aussi pour qu'on puisse le lui prêter sans grand risque. Cela n'interdit pas cependant de le situer en même temps dans une tradition hors de laquelle il lui arrive de faire des embardées. Mais lorsqu'il s'y tient on peut reconnaître en lui un clerc très instruit et probablement bien informé des théories qui s'élaborent à son époque, notamment lors des leçons de rhétorique où l'on débattait des pouvoirs de Dieu et de ceux qu'il fallait attribuer à son vicaire terrestre. En ce cas, on pouvait trouver dans le vers 140 de la *Chanson* un souvenir du portrait du souverain tel que le voyaient les penseurs et théologiens du XIe siècle. Son rôle pour certains (dont l'évêque de Laon, Adalbéron) était double. Georges Duby nous l'explique magistralement : « Dans la personnalité du roi, la part de jeunesse est ce qui fait de lui le *bellator*, brandissant le glaive, ramenant de force, au prix de quelques turbulences, l'ordre sur la terre. Alors qu'il doit à ce qui lui est attribué de vieillesse la "vertu de l'âme", l'intelligence de l'ordre immuable et des mouvements réguliers dont la part céleste de l'univers est le lieu : la *sapientia*, cette "sagesse vraie et par quoi peut être su ce qui est au ciel, sempiternellement" et dont le "roi des rois" imprègne par le moyen du sacre les *oratores* » (G. Duby : *Les Trois Ordres ou l'imaginaire du féodalisme*, Gallimard, 1978, p. 63). Or, Charlemagne réfléchissant profondément à la réponse capitale à donner aux envoyés de Marsile, réponse dont dépend la paix ou la guerre, n'offre-t-il pas un exemple du *bellator sapiens* dont rêvait un Adalbéron ?

V. 152 « À la grande fête de Saint-Michel du Péril. »

Cette expression a suscité des explications très différentes dont je ne signalerai que deux exemples. Pour Maurice Delbouille, il s'agirait du sanctuaire fameux appelé soit Saint-Michel du Mont, soit Saint-Michel du Péril en Mer. Il y aurait évidemment là un rappel du danger que représente l'espace qui sépare le mont de la terre, elle sans danger, espace où quantité de pèlerins avaient péri noyés par la marée ou engloutis dans les sables mouvants. En revanche Rita Lejeune ne pense pas qu'il y ait là un toponyme ancien. Elle y voit le Saint-Michel des Ports de Cize mentionné dans le *Guide du pèlerin de Saint-Jacques-de-Compostelle*, lieu très dangereux auquel s'associait pour les pèlerins l'idée de péril. L'examen de la tapisserie de Bayeux (vers 1077) me fait pencher pour la première interprétation. On y voit en effet Harold s'efforçant de sauver deux cavaliers en train de s'enliser ; à l'arrière-plan apparaît l'abbaye du Mont-Saint-Michel.

11

V. 166   « Il fait venir ses seigneurs pour tenir son conseil. »

Le mot baron est un de ceux qui reviennent constamment dans la *Chanson*. Il correspond non à un titre nobiliaire précis (le baron) mais à une réalité historique où s'entrecroisent connotations morales, sociales et militaires. On en trouvera un excellent aperçu dans le passage suivant d'Éric Bournazel : « Dans les cours princières sont récitées à la fin du XIᵉ siècle les chansons de geste relatant pour l'époque carolingienne la gloire et les faits d'armes de la classe chevaleresque. En fait les compositeurs reproduisent ce qu'ils voient dans la cour des châteaux ou dans celle des princes. Dans leurs récits, le roi est représenté entouré de barons francs. Ceux-ci composent son armée et l'aident militairement :

Barons franceis, vos estes bons vassals (Roland, v. 3335).

... Dans d'autres passages, le mot baron conserve une acception plus proche de son acception originelle : viril... Dépouillé en effet de tout possessif, baron désigne l'homme, l'homme libre et fort tirant de son implantation territoriale une puissance que renforce sa condition sociale » (É. Bournazel : *Le Gouvernement capétien au* XIIᵉ *siècle*, P.U.F., 1975, p. 153-154).

V. 229 « Laissons les fous, suivons les sages ! »

Théo Venckeleer relève ce vers et le rapproche des deux suivants du *Pèlerinage de Charlemagne* (entre 1050 et 1150) rappelant la réponse de l'impératrice :

> *Cela ne fut pas sage, folement respondeit :*
> *Emperere, dist-elle, trop vous poez priser* (v. 15-16).

Il pense que dans ces vers « sage se manifeste clairement comme antonyme de fol » (Th. Venckeleer : *Rollant li proz. Contribution à l'histoire de quelques qualifications laudatives en français du Moyen Âge*, Lille-Paris, Champion, 1975, p. 456-457). La sagesse, me semble-t-il, telle que la comprend l'auteur du *Roland*, comporte à la fois la modération (la mesure) et la compétence. Composante morale et composante sociale sont assez fréquemment associées mais avec prédominance de l'une d'elles.

V. 247 « Donnez-moi à l'instant le gant et le bâton. »

Il est bien évident que dans ce vers le bâton est l'insigne du commandement. Mais il serait excessif d'en faire un symbole féodal car il est bien antérieur à cette époque. Le bâton a toujours été une marque de force et d'autorité. On le retrouve avec ce sens dans toutes les civilisations anciennes aussi bien grecque qu'asiatique. C'est aussi le bâton du berger qui se prolonge dans la crosse de l'évêque ou le bâton du maréchal de France. Celui que Charlemagne va confier à son messager signifie manifestement qu'il représente le pouvoir de l'empereur.

Quant au gant, il est au Moyen Âge le symbole d'une force

soit personnelle soit déléguée. Son sens varie selon les circonstances et la manière douce ou brutale dont il est présenté. Le gant que prendra le messager de Charlemagne fait de lui le représentant officiel du puissant empereur et n'a pas la même valeur que le gant tendu vers Dieu par Roland à ses derniers instants (cf. v. 2365, note).

21

V. 302 « À ces mots Roland se met à rire. »

Ce vers mérite par ses conséquences plus d'attention qu'on ne lui en accorde d'ordinaire. Aussi son commentaire est-il particulièrement bienvenu dans un ouvrage sur le rire au Moyen Âge : « Le rire le plus fréquent et peut-être le plus typique de l'épopée est le rire impétueux et superbe du guerrier que n'épouvantent ni les dangers ni les menaces. Telle est déjà la couleur du rire de Roland dans le manuscrit d'Oxford. Aux menaces voilées de Ganelon, le héros répond par un éclat de rire (v. 302). Rire méprisant qui sonne comme une bravade et qui provoque le défi de Ganelon » (Philippe Ménard : *Le Rire et le sourire dans le roman courtois en France au Moyen Âge*, Genève, Droz, 1969, p. 34).

24

V. 325 « Les douze pairs parce qu'ils l'aiment tant. »

Jean Dufournet a présenté un résumé très précis et très suggestif de l'historique des douze pairs (*Cours sur la Chanson de Roland*, C.D.U.-S.E.D.E.S., 1972, p. 177-178). Je pense comme lui que le chiffre 12 est symbolique mais je crois que la parenté avec les douze apôtres est suffisante pour l'expliquer comme le prouve *Le Pèlerinage de Charlemagne*. Historiquement, les pairs de France, *Pares Franciae*, ne sont pas ceux de Charlemagne. Ils ne sont pas les créatures du roi mais proviennent d'une évolution progressive et forment une catégorie distincte parmi ses autres vassaux. Les pairs d'un vassal peuvent se constituer en cours de justice dès le IXe siècle, soit de leur propre initiative soit à la demande du seigneur. Mais la « cour des Pairs » n'apparaît qu'au XIIIe siècle. Dans l'épopée médiévale, tout en restant au nombre de douze, les pairs ne portent pas toujours les mêmes noms et ne sont pas toujours à la tête des mêmes provinces. Il n'est pas exclu que les jongleurs portent une certaine responsabilité dans ces mutations car ils avaient intérêt à présenter comme pair un des parents plus ou moins proche du seigneur devant lequel ils chantaient ou récitaient.

V. 328   « Vous allez partir dès maintenant, c'est sûr, puisque je vous en donne l'ordre. »

On a souvent souligné l'esprit indécis et changeant de Charlemagne prompt à l'abattement. Mais il faut aussi se garder d'oublier l'aspect opposé : celui d'un chef se sachant investi d'une autorité souveraine et décidé à imposer sa volonté. Cette volonté inflexible se manifeste ici au moment du choix d'un messager à envoyer auprès de Marsile. L'empereur réitère à deux reprises son ordre à Ganelon. Auparavant il avait rabroué le duc Naimes son meilleur conseiller (v. 251), imposé brutalement silence à Roland et Olivier (v. 259) et enfin renvoyé sans douceur l'archevêque Turpin à sa place en lui ordonnant de se taire (v. 272-273). Plus tard (v. 3015), il prendra lui-même et fermement toutes les dispositions de combat avant la bataille décisive contre Baligant. Est-ce là un trait de caractère inventé par l'auteur du *Roland* ou une image de la réalité carolingienne ? Je retiendrai cette seconde hypothèse. Jean Imbert souligne en citant Halphen que Charles « décide sur toutes choses en dernier ressort ». Il ajoute que cette autorité s'explique en grande partie par la sacralisation du souverain, fait acquis au VIIIe siècle. Il faut en effet se rappeler que, sur l'initiative de Pépin le Bref, « le nouveau roi reçoit l'onction sainte de l'évêque de Germanie. Puis le pape lui-même, Étienne II, procède à nouveau au cours de l'été 754 au sacre du prince franc ainsi que de ses deux fils Charles et Carloman : désormais est instaurée la royauté que les Carolingiens ont reçue de Dieu avec la mission personnelle de veiller sur le peuple franc et de travailler activement au triomphe de la religion » (J. Imbert : « Le Pouvoir législatif dans l'Église carolingienne », *Mélanges P. Andrieu,* Guitrancourt, 1973, p. 590-591).

28

V. 373 « Le versement du denier de saint Pierre. »

André Burger voit dans cette expression une allusion à la conquête de l'Angleterre par Guillaume de Normandie et il en tire un argument pour dater la *Chanson* : « Le "chevage", ou denier de saint Pierre, remontait réellement aux temps carolingiens : il avait été institué en 787 par le roi Offa de Mercie. Après la conquête, le denier de saint Pierre redevint d'actualité : Guillaume le Conquérant s'était engagé à le rétablir afin d'obtenir la bénédiction du pape pour son entreprise ; à la fin du siècle, il faisait l'objet d'une querelle entre les rois d'Angleterre et la papauté. La *Chanson* serait donc postérieure à 1066 » (A. Burger : *op. cit.,* p. 60).

33

V. 440 « Il veut en frapper Ganelon, mais on le retient. »

Jean Rychner, en étudiant les vers de conclusion des laisses, note judicieusement « que le dernier vers d'une laisse décrit parfois l'attitude d'un protagoniste à la suite d'un discours prononcé dans la laisse » (J. Rychner : *La Chanson de geste. Essai sur l'art épique des jongleurs,* Genève, Droz, 1955, p. 73). Ce jugement appliqué au *Roland* est particulièrement justifié et il y trouve son illustration aux vers 138 et 302. Mais à ces deux vers cités par Jean Rychner, j'en ajouterai quelques autres empruntés au début, au milieu et à la fin de la *Chanson* pour montrer toute l'envergure de la remarque du critique. Après les paroles de Ganelon : « Il met [la lettre] dans la main droite du païen » (v. 484). Après celles de Valdabrun : « Puis ils s'embrassent visage et menton » (v. 626). Après celles d'Olivier : « Jamais vous ne coucherez entre ses bras ! » (v. 1721). Après celles de Roland : « À ces mots, il s'évanouit sur son cheval » (v. 1988). Après celles de Pinabel : « Le comte Ganelon lui fait don de sa personne en se jetant à ses pieds » (v. 3792). Après celles de l'ange Gabriel : « Ses larmes coulent de ses yeux. Il tire sa barbe blanche » (v. 4001). On pourrait citer plus d'exemples. Ainsi la valeur conclusive du dernier vers de la laisse se double souvent d'une valeur descriptive.

35

V. 453 « Le calife intervient : "Vous nous avez mis en difficulté." »

L'« algalife » apparaît quatre fois dans la *Chanson* (v. 453, 493, 505, 681) et la question de la traduction se pose à moins qu'on adopte la solution du transfert pur et simple du terme comme l'ont fait Joseph Bédier et Gérard Moignet. La couleur locale est conservée mais l'intelligence est-elle satisfaite ? On peut en tout cas, pour essayer de comprendre, se reporter à l'histoire. Cette méthode a été suivie par Paul Bancourt, auteur d'une thèse sur *Les Musulmans dans les chansons de geste du cycle du Roi* (Université Aix-Marseille I, 1982), travail très riche auquel je dois une grande partie de mon information sur ce point. Selon Paul Bancourt, malgré la disparition du califat de Cordoue en 1031, il faudrait voir dans l'emploi du terme « algalife » le souvenir des derniers califes de cette ville. Sinon on devrait songer aux califes abbassides, plus lointains, ceux de Bagdad, ou encore à l'anticalife ismaélien de Tunisie, ce qui est moins vraisemblable.

44

V. 580 « Bon seigneur Ganelon [...]. »

Les lacunes ou les incertitudes du manuscrit sont signalées par des crochets.

V. 600 « La Terre des Aïeux connaîtrait une paix sans fin. »

Joseph Bédier et Gérard Moignet hésitent entre la « Grande Terre » et la « Terre des Aïeux ». Ils adoptent la seconde traduction « por ço que plus bel seit » (J. Bédier : *La Chanson de Roland, Commentaires*, Piazza, 1927, p. 303). On peut, je crois, préférer « Terre des Aïeux » pour une raison autre qu'esthétique. La « Grande Terre » ne désigne qu'un espace bien vague. La « Terre des Aïeux » parle bien davantage au cœur des Français loin de leur patrie. Quant au fait que les Sarrasins emploient cette expression pour désigner la France (v. 952, 1532, 1659), il ne représente pas une objection décisive. En effet, remarquent Wilhelm Tavernier et Joseph Bédier, le poète « avec la même naïveté les fait parler de doulce France (v. 16, 1194) » (*ibid.*, p. 303). C'est vrai, mais est-ce de la naïveté ? Ne peut-on pas penser aussi qu'en mettant dans leur bouche « Terre des Aïeux », l'auteur du *Roland* rend les Sarrasins capables de se placer du point de vue des Français ? Ne fait-il pas dire à Marsile auprès de l'empereur (v. 649) : « Au nom de votre religion, que vous croyez la plus sainte » ?

D'autre part, une autre explication est possible, mais elle suppose que l'auteur du *Roland* soit au courant des expressions des Arabes pour désigner la Gaule. Voici l'interprétation d'Évariste Lévi-Provençal : « La Gaule, ou pays des Francs, comptait déjà pour eux dans ce qu'ils appelaient "la Grande Terre" (al-ard-kabira), la Terre Majur de *La Chanson de Roland* : d'immenses étendues couvertes d'épaisses forêts propices aux embûches et à une âpre défense des occupants du sol » (É. Lévi-Provençal : *Histoire de l'Espagne musulmane*, Maisonneuve et Larose, 1950, t. I, p. 56).

V. 611 « On lisait la doctrine de Mahomet et de Tervagant. »

Tervagant est un des trois dieux que le Moyen Âge attribue le plus souvent aux musulmans. Le mot représente peut-être une corruption de Trismégiste (surnom d'Hermès) ou peut-être du turc Tarbayan. L'étymologie reste incertaine.

48

V. 621 « La garde vaut plus de mille mangons. »

Le mangon (mancus) est le terme employé d'ordinaire dans les chansons de geste du XIe au XIIIe siècle (et d'une manière générale dans l'Occident chrétien du IXe au XIIIe siècle) pour désigner le dinar musulman. Il représente une monnaie de compte d'une certaine valeur (trente deniers). Ce n'est pas négligeable puisque le sou valait douze deniers et qu'avec vingt sous le vilain d'Aucassin pouvait acheter un bœuf. Pour l'auteur du *Roland* qui veut nous placer dans une atmosphère orientale de luxe et de richesse, il n'est pas exclu que le mangon soit à ses yeux une monnaie d'or.

56

V. 721 « Mais le comte Ganelon lui arrache [sa lance]. »

Ce rêve, le premier des quatre que fait Charlemagne, a un caractère prémonitoire évident. Comme dans la tragédie classique (cf. *Athalie*), il constitue un puissant ressort dramatique. Ce premier songe annonce la trahison de Ganelon, cause directe de la mort de Roland. Mais pourquoi l'image de la lance brisée ? C'est qu'elle est dès l'Antiquité (Homère et Virgile) un symbole de mort individuelle ou de défaite collective. Herman Braet qui a minutieusement étudié les rêves dans les épopées souligne avec justesse que « déjà l'auteur de la *Rhétorique à Herennius* atteste que la lance s'emploie comme une métonymie pour le guerrier ». Il est donc amené à penser que l'auteur du *Roland* a représenté « le plus preux des pairs sous la forme d'une "hanste fraisnine" [lance de frêne] détruite par les mains du traître » (H. Braet : *Le Songe dans la chanson de geste au XIIe siècle*, Gand, 1975, p. 118). On peut également, tout en conservant la valeur figurée de la lance, la mettre en rapport avec les paroles de Ganelon : « Celui qui pourrait supprimer Roland priverait Charles de son bras droit » (v. 596-597). La lance représenterait alors le bras droit de Charlemagne. De toute façon on aboutit à l'idée de mort et de défaite. En outre Jean Dufournet estime que la lance brisée de ce premier rêve « évoque la scène où Olivier qui n'est pas parvenu à abattre Margariz lutte avec un tronçon de lance (v. 723 et 1352) » (J. Dufournet : *op. cit.*, p. 113).

57

V. 725-736   « À cette vision s'en ajoute une autre. »

Le second rêve est plus malaisé à interpréter du fait de la présence de trois animaux symboliques à identifier : un léopard, un ours et un lévrier (cf. Herman Braet : *op. cit.*, p. 165-170 ; Jean Dufournet : *op. cit.*, p. 113). Il semble que l'on puisse reconnaître les principaux acteurs du drame. Le léopard serait nécessairement un païen perfide, Marganice ou Baligant. Le lévrier sauveur, Roland si l'on pense à l'épisode central ou plutôt Thierry si l'on pense au procès de Ganelon. Quant à l'ours qui mord Charles au bras droit, il représenterait Ganelon ou Marsile. Dans la première hypothèse pour laquelle j'opterais, je verrais une prolongation logique du premier rêve où j'ai compris que la lance pourrait désigner le bras droit de Charles arraché par Ganelon. Cette interprétation présente des points communs avec celle de Herman Braet (*op. cit.*, p. 191). Jean Dufournet voit dans l'ours « le vers (bête de l'Occident médiéval) Marsile et les deux premières armées païennes qui décimèrent les troupes de l'empereur français et tuèrent la plupart des pairs ».

67

V. 839   « J'ai abandonné dans une province frontière. »

Cette province frontière, la marche d'Espagne, a toujours eu au Moyen Âge une importance capitale aux yeux du pouvoir

193

royal. Il est bien évident que le voisinage d'une Espagne hostile (raids sarrasins jusqu'à Narbonne en 719 et 1020) rendait particulièrement importante la garde de cette province. On en a de multiples témoignages et on en relève la mention même là où on ne l'attendait pas. Ainsi, alors qu'il a un contenu et un but uniquement religieux et moral, le *Manuel pour mon fils* de Dhuoda écrit entre 841 et 843 rapporte qu'elle aida son mari Bernard de Septimanie dans la marche d'Espagne (Dhuoda : *Manuel pour mon fils*, éd. par Pierre Riché, Paris, 1975, p. 352-353).

68

V. 849 « Comtes, vicomtes, ducs, généraux victorieux. »

Le titre d'« almaçurs » figure trois fois dans le *Roland* (849, 909, 1275) et on le retrouve dans de nombreuses chansons de geste dont *Floovant, Aye d'Avignon, Gui de Bourgogne, Fierabras*. Le vers 849 montre que les « almaçurs » sont de grands seigneurs puisqu'ils voisinent avec ducs, comtes et vicomtes. « Le mot est dû à la déformation du surnom honorifique qu'Ibn-Abi-Amir, le tout-puissant chambellan du calife Hisham III, choisit en 981 » (Paul Bancourt, *op. cit.*). Or ce surnom est Al-Mançur billah, c'est-à-dire « le victorieux par Allah ». Dans ces conditions, pour rester fidèle à la tradition, il me paraît qu'il convient de traduire « almaçur [s] » par général [ou généraux] victorieux.

V. 850 « Émirs et fils de grands vassaux. »

Je traduis par émir « amirafle » (850), « amurafle » (894, 1269), « amiralz » (967, 2602, 2790, etc.), « amiraill » (2615, etc.), qui, pour Joseph Bédier et Gérard Moignet, donnent lieu à des traductions différentes. Paul Bancourt (*op. cit.*) fait remarquer que ces mots, dérivés d'*amir* (du verbe *amara*, commander), désignent dans la *Chanson* tantôt des vassaux, tantôt des suzerains. Dans l'histoire musulmane, on trouve le même flottement puisque « l'émir d'Espagne n'est qu'un vassal, l'émir africain un prince tout-puissant ». Du fait qu'il y a correspondance dans les situations entre le *Roland* et la réalité musulmane, il me paraît logique de traduire les titres cités plus haut par émir.

V. 856   « La Terre Certaine. »

Diverses interprétations ont été proposées. Certains critiques ont suggéré de lire Cerdagne, malgré l'éloignement du lieu. Lucien Foulet dans l'index des *Commentaires* (p. 509) hésite entre le sens figuré « vide d'ennemis » et le sens propre « terre ferme ». Les vallées et les montagnes qui suivent la « Terre Certaine » feraient plutôt pencher pour la seconde interprétation. Mais aucune ne s'impose et l'expression reste obscure malgré l'hypothèse de Cesare Segre qui voit dans « certaine » une mauvaise lecture pour « cherchent » en comprenant que les Sarrasins cherchent à trouver les Français par monts et par vaux.

72

V. 905   « Charlemagne est gâteux et radote. »

J'ai traduit « velz » par gâteux en raison de la proximité de « redotez ». Il est évident que l'émir sarrasin voulant mettre l'accent sur la décrépitude du vieil empereur donne à « velz » un sens particulièrement péjoratif, la vieillesse devenant synonyme de déchéance physique et intellectuelle. En revanche au vers 113 : « les plus raisonnables et les plus âgés », la même épithète ne représente pas une vieillesse avilissante mais au contraire riche de sagesse et d'expérience comme le suggère « saive » qui précède, d'autant plus que « saive » et « veill » s'opposent à « cil bacheler leger ». D'où une traduction différente pour une situation différente.

80

V. 1024   « Ganelon le savait, le lâche, le traître. »

Ganelon incarne le traître et aura une impérissable descendance. Ce thème, devenu un *topos* essentiellement épique, s'est développé selon un schéma narratif dont voici les principales données : « Un baron appartenant à une lignée de traîtres, le plus souvent un descendant ou un parent de Ganelon, s'efforce de troubler la bonne harmonie qui règne entre l'empereur et ses vassaux et de susciter des difficultés aux loyaux serviteurs de Charlemagne pour affaiblir par là le pouvoir royal. Il accuse mensongèrement un rival irréprochable et s'offre à prouver ses allégations par le duel judiciaire, mais le combat, avec l'aide de Dieu, tourne à la confusion du traître qui est vaincu, cependant que l'innocence de son adversaire calomnié éclate au grand jour » (Marguerite Rossi : *Huon de Bordeaux*, Champion, 1975, p. 207-208).

85

V. 1070-1076   « Roland, mon ami, sonnez de votre cor. »

Le cor est le symbole de l'appel aussi bien à la chasse qu'à la guerre et, dans un cas comme dans l'autre, avec de multiples connotations. Dans l'épopée le recours au cor a lieu le plus souvent dans une situation désespérée au cours d'une bataille. Pour celui qui l'accepte, il représente un signe de renoncement et un espoir de vie, pour celui qui le refuse un sursaut d'énergie et l'orgueilleux mépris de la mort. Ce symbole ambivalent est assez répandu pour qu'on le retrouve à la fin du XIIe siècle dans *La Chanson d'Aspremont*. Mais cette fois l'alternative de l'acceptation ou du refus se pose pour les Sarrasins. Au dialogue Olivier-Roland fait écho le dialogue Triamodès-Aumont : « Plus jamais les pertes que les Français nous causent ne seront réparées... et maintenant il vous faut sonner de votre cor. Le roi l'entendra dans la cité de Rise. Il nous portera secours. » Aumont lui réplique : « ... Depuis longtemps j'ai juré à Mahomet que ce n'est pas pour des Français que je sonnerai jamais du cor. Et plus tard on n'en blâmera pas mes amis » (*La Chanson d'Aspremont*, v. 3075 et sqq., dans Pierre Jonin : *Pages épiques du Moyen Âge français*, tome I, 2e éd., S.E.D.E.S., 1972, p. 46).

V. 1084-1085 « Ils submergent les vallées, les montagnes, les collines et toutes les plaines. »

Quelle est la vision de la nature dans *La Chanson de Roland* ? Il ne faut pas, pour s'en faire une idée, se limiter aux vers fameux du type : « Hautes, ténébreuses et imposantes sont les montagnes, profondes les vallées, impétueux les torrents » (v. 1830-1831). Certes le grandiose et l'effrayant ont leur large place dans les paysages du *Roland*. Mais je pense que prés, guérets, collines, coteaux, vallons, tertres ou plaines l'adoucissent également (voir au sujet de ces formes de relief la nomenclature très précise de Jean Dufournet : *op. cit.*, p. 166-167). On ne doit pas oublier non plus la végétation : par exemple l'églantier, l'if, les vergers, les oliviers, les pins, ces derniers ayant une place privilégiée comme l'a bien vu Alice Planche (« Comme le pin est plus beau que le charme », *Le Moyen Âge*, n° 1, 1974, p. 51-60). C'est donc un paysage varié que nous offre l'auteur du *Roland* et il tire de la description ou plus souvent de son évocation des effets multiples.

V. 1088 « Roland lui réplique : "Mon ardeur en redouble." »

Cette réponse orgueilleuse aux remarques objectives d'Olivier sur l'énorme supériorité numérique des forces de Marsile a inspiré ce commentaire très fin d'Eugène Vinaver : « Plus Olivier lui dit qu'elles sont immenses, plus il s'exalte. Et pourtant ni Roland ne confesse un remords, ni Olivier un manque de prouesse. Les vingt mille Français ont combattu, sont morts sans jamais dire s'ils étaient de l'avis de Roland ou de celui d'Olivier. Et même s'il est vrai qu'ils aient combattu, qu'ils soient morts comme s'ils pensaient ainsi que Roland, Roland n'avait-il pas tort de les sacrifier ?

« Le poète ne dit pas, ne tranche pas. Aucun souci de solution raisonnée, d'"unité d'esprit", de cohérence morale ne lui impose sa contrainte. La dualité demeure, profonde, irrésolue, pareille au jeu de contrastes que nous retrouverons au sommet de la poésie médiévale, ennemie des simplifications »

(E. Vinaver : *À la recherche d'une poétique médiévale*, Nizet, 1970, p. 74).

V. 1093 « Roland est téméraire et Olivier réfléchi. »

Le vers « L'un comme l'autre ont une merveilleuse bravoure » montre ce qui fait tout de même le lien entre leurs deux formes opposées de courage. C'est pourquoi le terme de témérité qui désigne la vaillance allant jusqu'à l'excès peut être retenu puisqu'il implique à la fois le courage et l'audace déraisonnable.

V. 1111 « Il devient plus féroce qu'un lion ou qu'un léopard. »

Au Moyen Âge le symbolisme du lion est polyvalent et il représente tantôt une force du bien, tantôt une force du mal. En revanche le léopard symbolise plutôt la cruauté. Dans le *Roland* (v. 728, 733, 2542), il est toujours représenté comme un animal féroce. En ce qui concerne le lion, la question est moins simple. On le rencontre une dizaine de fois, dont quatre où il n'offre aucun caractère décisif, lorsqu'il figure parmi les cadeaux offerts à Charlemagne (v. 30, 128, 183, 847). Dans toutes les autres circonstances (v. 1111, 1888, 2386, 2436, 2549), il en est autrement. Ainsi dans le troisième rêve de Charlemagne c'est un lion qui l'attaque furieusement. En tout cas dans la tradition littéraire l'association lion-léopard symbolise en général la cruauté. On n'en donnera qu'un exemple. Dans le *Lancelot* de Chrétien de Troyes, les deux chevaliers qui accompagnent Lancelot sont remplis de terreur car ils voient au bout du « pont de l'épée » deux lions ou deux léopards. Ils redoutent alors qu'ils ne tuent leur compagnon, « sucent le sang de ses veines, dévorent sa chair et rongent ses os » (v. 3035 et 3063-3065). Tous ces exemples incitent donc à traduire « fiers » par « féroce ».

V. 1135 « Vous aurez votre place tout en haut du Paradis. »

Ce vers est l'un des dix du *Roland* où il est question du Paradis. Ils offrent une représentation réduite mais intéressante tout de même du séjour des âmes. Car c'est bien des âmes qu'il s'agit. Pourtant qu'on ne s'imagine pas que l'abstraction des âmes entraîne celle du lieu. Ce serait fausser entièrement la vision que s'en font le Moyen Âge en général et l'auteur du *Roland* en particulier. Pour lui la demeure des âmes est un enclos céleste, mais un enclos où l'on entre par une porte (v. 2258). C'est un lieu en pente avec sans doute des sortes de terrasses ou de gradins où les élus trouvaient leurs places (leurs sièges) en fonction d'une hiérarchie spirituelle, les meilleurs étant tout en haut (v. 1135). Ce cadre resterait assez terne s'il n'était égayé par des fleurs (v. 2197, 2899). Ces fleurs, d'après Lucien Foulet (glossaire des *Commentaires*), symbolisent la félicité. Je ne le pense pas mais je crois plutôt qu'il y a là une vision concrète et fleurie du Paradis qui est le prolongement du traditionnel *locus amoenus*. Parti de la vallée de Tempé, on le retrouve chez Virgile, Horace, Ovide, les poètes chrétiens du Moyen Âge, la poésie lyrique, les romans courtois, pour aboutir au théâtre médiéval et au « Jardin de plaisance ». Ces fleurs du *Roland* ne sont pas devenues de purs symboles sanctifiés par la foi. Elles restent à l'état végétal à travers toute la poésie chrétienne médiévale. Le *Rythme sur les joies du Paradis*, attribué à saint Augustin, y voit « des rosiers toujours en fleurs... toujours les lys y blanchissent, les crocus y rougissent » (traduction Félix Clément, 1857). Pour saint Augustin (IVe siècle), il n'est pas moins fleuri : « Le soleil n'y fane point les lys éclatants et les violettes... offrent toujours aux regards leurs corolles gracieuses » (traduction Félix Clément). Il en est de même pour saint Pierre Damien (XIe siècle) : « Un perpétuel printemps donne une perpétuelle floraison de roses, les lys sont blancs, les safrans sont jaunes, le baumier exhale son parfum » (traduction Henry Spitzmuller, Desclée de Brouwer, 1971). Ainsi tout au long du Moyen Âge a-t-on conservé ou développé cette vision concrète et profane. Elle est conservée avec *La Chanson de Roland* et *Le*

Jeu d'Adam où l'on peut lire dans les conseils qui précèdent la représentation : « Le Paradis sera établi en un lieu élevé... On aura semé des fleurs odoriférantes, de la verdure et planté des arbres... » Les sièges annoncés par Turpin se présentent sous la forme de « troncs » dans le Paradis prévu pour le *Mystère des Actes des Apôtres* dans la mise en scène reconstituée par Gustave Cohen. Cette vision, qui n'a vraiment rien d'abstrait, est même développée dans *La Court de Paradis* (XIIIe siècle) où, tout au sommet, Dieu donne un grand bal conduit par la Vierge Marie et auquel participent saintes, vierges et veuves en compagnie des apôtres, des martyrs et des saints !

92

V. 1181 « Celui qui les aurait alors entendus crier "Montjoie". »

Montjoie dans la *Chanson* désigne à la fois le nom de l'oriflamme de l'empereur (cf. laisse 225) et le cri de ralliement des Français. Les critiques ne cessent de proposer des explications différentes du sens de ce mot, interprété notamment tantôt comme Mont de la Joie (colline où eut lieu le martyre de saint Denis, ou colline d'où les pèlerins découvrent Rome), tantôt comme poste de guet, tantôt comme ma joie (*meum gaudium*) par un rapprochement avec Joyeuse, nom de l'épée de Charlemagne (cf. v. 2510). En tout cas, dans le vers 1181 il s'agit du cri de ralliement. Jean Dufournet (*op. cit.*, p. 31) lui attribue une valeur religieuse : « Les chevaliers crient Montjoie avant un combat pour réclamer l'aide divine (v. 1181, 3092, 3300, 3565), après un combat pour remercier Dieu (v. 1234, 1260, 1350, 1378, 1525, 3620). » Mais est-il bien certain que ce cri poussé ou hurlé dans la fureur ou l'acharnement d'une lutte brutale s'accompagnait d'un sentiment religieux ? J'en doute et pense qu'on peut l'affirmer seulement dans le cas où l'appel à Dieu se manifeste autrement que sous forme purement exclamative, par exemple au vers 1183 : « Puis ils chevauchent, Dieu ! et avec quelle fière allure ! » Il faut donc voir en Montjoie un cri de ralliement comme nous y invite le vers 3620 : « Charlemagne crie "Montjoie" pour rallier les siens », littéralement pour qu'ils se reconnaissent. Ce Montjoie me paraît l'équivalent du « Ut » des Saxons à Hastings ou du « Outre » des croisés en Orient.

93-108

V. 1188-1392   « Le neveu de Marsile se nomme Aelroth. »

C'est dans ces 205 vers que se déroulent les quinze grands combats de la première bataille qui oppose chrétiens et Sarrasins. Comme dans un bon western, les coups pleuvent et l'auteur mène le jeu bon train en étalant à plaisir détails et précisions : boucliers brisés, lances volant en éclats, casques fendus, cuirasses en miettes, nuques rompues, poitrines défoncées et ouvertes, fers des lances (bannières comprises) pénétrant dans les ventres crevés, pointes des épées réapparaissant dans les dos transpercés, yeux jaillissant des orbites, cervelles coulant jusqu'aux pieds, le tout se déroulant sur un tapis d'herbe sanglante. Parfois une curieuse précision anatomique : « Il lui perce le cœur, le foie, le poumon » (v. 1278). Parfois aussi une remarque admirative souligne la splendeur du combat : « Comme elle est belle notre bataille ! » s'exclame Olivier (v. 1274). On ne peut que remarquer l'entrain et l'allégresse de la description. Jean Larmat n'y a pas manqué et le premier il a eu l'idée que ces vers du *Roland* avaient pu servir l'inspiration de Rabelais : « Pour retrouver un esprit comparable au sien, il suffit de lire les chansons de geste. Là, les ennemis sont occis, pourfendus, égorgés, aussi facilement et aussi joyeusement que dans *Gargantua*... L'allure de la bataille est si prompte, si heurtée qu'elle en devient caricaturale. L'archevêque Turpin, l'homme de Dieu, n'est pas le dernier à attaquer, à frapper et à abattre "mort sur le chemin". Il tue, il invective les ennemis (v. 1253-1260), tel un autre frère Jean » (J. Larmat : *Le Moyen Âge dans le « Gargantua » de Rabelais*, Les Belles Lettres, 1973, p. 128).

V. 1326 « Il brise son casque brillant d'escarboucles. »

L'escarboucle apparaît assez souvent dans les textes du Moyen Âge qui voit en elle la plus éclatante des pierres. C'est pour sa puissance éclairante qu'on la trouve parfois au sommet des mâts des navires (cf. v. 2633 : « Au sommet des mâts, à la pointe des vergues, une multitude d'escarboucles et de lanternes projettent de là-haut une telle lumière qu'à travers la nuit la mer en est plus belle »). Mais ici sur un casque l'escarboucle me semble représenter seulement la richesse, sans avoir le symbolisme qu'on attribue parfois à celle qui se trouve au centre (*umbo*) du bouclier de Geoffroy Plantagenet (cf. note de la laisse 225).

108

V. 1395 « Olivier mon frère, voilà les coups que j'aime ! »

Cette exclamation, voisine de tant d'autres qui l'ont précédée et venant après tant de combats qui se ressemblent, appelle la remarque de Jean Rychner : « La poésie lyrique des trouvères est, scripturairement, d'une grande monotonie, mais il eût fallu l'écouter en musique, la goûter dans les circonstances mêmes de son exécution, et il serait faux de porter sur les paroles seules un jugement "littéraire", puisque ces paroles n'ont jamais été considérées par leur auteur que comme une partie d'un tout... La chanson de geste est appliquée au chant public par un jongleur. Elle est faite pour cela... » (J. Rychner : *op. cit.*, p. 9-10). On ne saurait trop insister à la suite de Jean Rychner sur l'oralité du poème épique et donc en tenir compte dans la traduction du texte.

110

V. 1423 « En France éclate une tourmente qui tient du prodige. »

Nous rencontrons ici le thème très ancien de la liaison entre les phénomènes cosmiques et le sort des humains. Il nous vient en particulier des Latins Tite-Live, Stace, Lucain (cf. Herman Braet : *op. cit.*, p. 173) et il est exploité tout au long du Moyen Âge, en particulier dans *La Chanson de Roland*. « L'accord de l'atmosphère avec le bonheur ou le malheur des héros existe dans la tradition épique médiévale et l'exemple le plus fameux en est la tempête qui annonce la mort de Roland. On sait que chez Virgile également, pour se borner à lui dans la littérature latine, de grands bouleversements annoncent le trépas de personnages célèbres. Nous avons déjà signalé combien l'aspect de la forêt varie selon la situation morale et matérielle de Berte. La tempête se déchaîne quand Margis est amené devant Pépin pour être condamné : "Cel jor fist molt lait tans de tonnaire et d'escliste" (v. 2218) Il y eut ce jour-là un temps affreux avec du tonnerre et des éclairs » (Régine Colliot : *Adenet le roi : « Berte aus grans pies »*, Picard, 1970, p. 277-278).

111

V. 1438 « Les Français frappent de tout leur cœur et de toute leur énergie. »

Le courage des Français est constamment relevé et célébré dans la *Chanson*. Mais ce courage, il ne faut pas l'oublier, est étroitement associé à l'idée de chevalerie. Le héros entre tous qui incarne la bravoure est évidemment Roland. Or pour caractériser cette bravoure l'auteur dit seulement : il « parle en chevalier » (v. 1443, 3262). On trouve cette notion dans une source écrite, très vraisemblablement latine, et intitulée « Gesta Francorum » qui serait à l'origine de la *Chanson*. Cette chronique est invoquée pour faire l'éloge des chevaliers. Ainsi André, moine de Fleury-sur-Loire, écrivant en 1043 et parlant d'une débandade de chevaliers, « dit que "leur cœur se flétrit, qu'ils oublièrent la chevalerie". À ses yeux, la chevalerie est affaire de cœur, de courage. S'il vient à fuir comme un lièvre, le chevalier trahit les devoirs de son ordre » (Georges Duby : *op. cit.*, p. 230). Roland ne s'exprime pas autrement quand il s'écrie : « Maudit soit le cœur qui flanche [se cuardet] dans la poitrine ! » (v. 1107), le cœur qui prend peur comme

Couard le lièvre. Ainsi André de Fleury et l'auteur du *Roland* se rejoignent dans le même éloge du courage allié pour tous deux à la chevalerie.

V. 1443 « Il est écrit dans l'Histoire des Francs. »

L'expression « Geste Francor » est employée à deux reprises (v. 1443, 3262) dans le *Roland*. Elle désigne une source écrite, très vraisemblablement latine, et intitulée « Gesta Francorum » qui serait à 'origine de la *Chanson*. Cette chronique est invoquée comme garantie d'authenticité. Il est probable qu'il s'agit d'une œuvre assez semblable à celle que Wace dans *Le Roman de Brut* nomme « La geste des Bretuns » en pensant à l'*Historia regum Britanniae* de Geoffroy de Monmouth (première moitié du XIIᵉ siècle) qui est une chronique très fantaisiste des rois de Grande-Bretagne. En tout cas, quelles que soient la part de l'imagination et celle de la réalité dans la « Geste Francor », c'est une habitude fréquente chez les auteurs du Moyen Âge de s'abriter derrière une œuvre antérieure plus ou moins précise avec l'intention de donner à leur texte un fondement plus solide. On peut penser par exemple à Marie de France affirmant au début du *Lai du Chèvrefeuille* « avoir lu dans un livre » (v. 6) l'histoire de Tristan et d'Yseut

112

V. 1454 « Sept mille clairons sonnent la charge. »

Le terme « menee » (charge) appartient au vocabulaire de la chasse comme le signale Foulet dans le glossaire des *Commentaires*. Mais on doit à Gunnar Tilander, spécialiste de la cynégétique, des observations plus précises : « Menée signifiait d'abord l'action de poursuivre la bête chassée, puis le mot a adopté le sens concret : trace, voie de la bête chassée. "Corner menée" c'est à l'origine sonner du cor pendant la poursuite de la bête, mais menée a pris en second lieu le sens général de fanfare » (*La Chace dou cerf*, éditée et traduite par

G. Tilander, Stockholm, 1960 ; glossaire des *Commentaires*, p. 423).

113

V. 1477 « Jamais personne ne l'a vu plaisanter ni rire. »

Ce trait de caractère, cette inaptitude à la joie sont ressentis comme une grave lacune par l'auteur du *Roland*. Philippe Ménard l'a bien vu et en a tiré de très justes déductions : « En faisant le portrait du païen Abisme l'auteur, comme pour ajouter une noirceur supplémentaire au Sarrasin, observe "unches nuls hom nel vit juer ne rire". C'est là un trait chargé de réprobation. Il implique que le rire a sa place dans la civilisation médiévale » (Ph. Ménard : *op. cit.*, p. 38). On ne peut que souscrire à cette affirmation et même penser que sa portée dépasse le monde chrétien. Ainsi dans le *Roland* il nous arrive de rencontrer des Sarrasins qui sont à la fois vaillants et sympathiques. Parmi ces derniers Margariz de Séville qui attire à lui les faveurs des dames. Elles les lui témoignent en lui offrant un visage épanoui et en se mettant à rire avec lui (v. 959). Or ce guerrier qui provoque une atmosphère de joie est aussi plein de bravoure : « Il n'y a pas de païen qui soit aussi bon chevalier » (v. 960).

118

V. 1572 « La course est plus rapide que le vol du faucon. »

Ce vers était bien plus éloquent pour les hommes du Moyen Âge que pour nous. Ils savaient évaluer la vitesse du faucon que nous ignorons habituellement. Ses performances sont en fait remarquables : avec nos unités de mesure actuelles nous dirions que « la vitesse de croisière » du faucon est d'environ 80 km à l'heure et qu'il peut atteindre en piqué jusqu'à 250 km à l'heure, alors que la vitesse d'un cheval ne peut guère dépasser 70 km à l'heure au maximum de sa course.

V. 1854-1855 « Seigneurs chevaliers, que Dieu vous prenne en pitié ! Qu'il ouvre son Paradis à l'âme de chacun de vous. »

Le thème de l'encouragement au combat est un des *topos* de la chanson de geste. Les paroles d'exhortation sont placées tantôt dans la bouche d'un prêtre ou d'un prélat, tantôt dans celle d'un laïc, en général un grand guerrier. De toute manière, la récompense est la même, le Paradis sous une forme ou une autre, ici sans qualificatif, ailleurs parmi les « saintes fleurs » (v. 1856, 2197, 2898). Pour faire pendant à l'exhortation de Roland, je me bornerai à citer celle d'Aimeri dans le siège de Barbastre : « Celui qui mourra en ce moment restera entièrement sauf. Il sera placé et couché avec les saints innocents, au ciel, avec les anges. »

V. 1860 « C'est pour le malheur que Charles vous a formés ! »

Joseph Bédier et Gérard Moignet traduisent par « nourris », ce qui n'est pas inexact puisque le grand seigneur, le roi ou l'empereur entretiennent les chevaliers à leur cour. Ces derniers reçoivent, avec leur subsistance, des chevaux, des vêtements, des armures et des harnachements. Mais en même temps, et c'est encore plus important, ces mêmes chevaliers doivent aux grands auprès desquels ils vivent une certaine formation sociale et militaire. Les jeunes, en particulier, les servent à table, font les valets d'armes, apprennent à bien combattre à leurs côtés et surtout sont armés chevaliers. Après un certain temps, s'il n'y a pas faute ou rupture, le chevalier reçoit du seigneur une héritière pourvue d'un domaine. Bernier dans *Raoul de Cambrai* est le type même du « nourri », car il doit toute sa formation à Raoul.

V. 1881-1882 « Qu'il se fasse plutôt moine dans quelque couvent où il passera ses journées entières à prier pour nos péchés ! »

En s'exprimant ainsi, Turpin ne parle pas en archevêque mais en chevalier : « Voilà comment un chevalier doit se battre » (v. 1877). C'est précisément parce qu'il se situe en dehors de la vie monacale qu'il peut présenter des moines l'image d'hommes confits dans la prière. En fait la réalité pouvait être différente comme le souligne vigoureusement Georges Duby : « Il est sûr que parmi tous ces jeunes convertis, fils de famille ardents au sacrifice, fougueux, dont les cohortes accompagnent rituellement les compagnies militaires pour les bénir avant l'assaut,... certains ne résisteront pas longtemps à la tentation de prendre l'épée ou le javelot tombés des mains de leurs parents blessés ou morts. » Quoi qu'il en soit, parlant en guerrier, Turpin se fait l'écho des critiques adressées à la pieuse oisiveté des moines. Ceux-là, il est vrai, ripostent en reprochant aux chevaliers leur excessive activité. Guibert de Nogent au début du XIIᵉ siècle explique la vie d'un moine par le fait que, converti tardif, « il avait passé toute sa vie au milieu des exercices de chevalerie, des débauches et des putains » (G. Duby : *op. cit.*, p. 132 et 268). Ainsi retrouve-t-on dans les paroles agressives de Turpin au combat un des aspects de la querelle intermittente qui oppose les deux grands ordres : *bellatores, oratores*.

V. 1936 « Aujourd'hui nous allons mourir. »

C'est le désastre de Roncevaux reconnu par Roland lui-même. En voici une interprétation : « Le désastre de Roncevaux est une épreuve providentielle, mais ce n'est pas un châtiment et l'on ne saurait trop déplorer qu'il soit si vite apparu tel au public du XIIᵉ siècle » (Jean-Charles Payen : *Le Motif du repentir dans la littérature française médiévale*, Genève, Droz, 1967, p. 137).

151

V. 2031 « À ces mots le marquis s'évanouit sur son cheval. »

C'est à deux reprises seulement (v. 630 et 2031) que Roland est qualifié de « marchis ». Comme le fait remarquer Lucien Foulet, l'appellation est justifiée puisque Roland « fut en effet préfet de la marche de Bretagne ». Ce terme correspond à la définition première : seigneur franc qui, comme le margrave allemand, est placé à la tête d'une circonscription frontière, c'est-à-dire d'une marche. Mais dès le XIIe siècle, le mot s'est appliqué aux seigneurs du troisième rang dans la hiérarchie féodale.

156

V. 2106-2107 « La situation tourne pour nous au désastre ! Roland mon neveu va nous quitter aujourd'hui. »

Divers critiques ont remarqué que le père de Roland n'est jamais mentionné dans la *Chanson*. La même observation peut d'ailleurs être faite pour Marsile, neveu de Marganice, ou pour le neveu de Droon (v. 2048). Exceptions faites de Marsile et de Baligant qui ont chacun un fils, pourquoi des oncles et non des pères ? La réponse nous est apportée par John R. Allen : « Il est évident qu'il existe deux niveaux de parenté dans le *Roland*. Le lien avunculaire n'est prédominant que parmi les personnages principaux tels que Charlemagne, Roland, Ganelon et leurs homologues païens alors que le lien paternel tend davantage à être associé aux personnages secondaires. L'explication la plus logique que l'on puisse avancer pour rendre compte de cette différence entre les situations familiales est de supposer que les personnages principaux et les personnages secondaires reflètent l'épopée à deux stades différents de son développement. Nous savons qu'étant donné l'importance que les anthropologues attribuent au lien avunculaire, les rapports étroits révélés dans le *Roland* entre Charlemagne et son neveu ne sont pas dus à une pure coïncidence » (John R. Allen : « Kinship in the *Chanson de Roland* » in *Jean Misrahi Memorial Volume*, Columbia, 1977, p. 39).

Sur cette question, on lira aussi avec intérêt l'article d'Alice Planche : « Roland fils de personne », *Actes du VIIᵉ congrès international de la société Rencesvals*, Liège, 1978, tome II, p. 595-604.

V. 2265   « À peine plus loin qu'une portée d'arbalète. »

Littéralement : qu'une arbalète peut tirer un carreau. L'arbalète (contamination d'arc et de baliste) est tout à fait à sa place dans la *Chanson* puisqu'elle était déjà connue des Carolingiens. La preuve en est apportée par une Bible latine du Xᵉ siècle qui montre deux arbalétriers au pied des remparts de Tyr en Syrie. Il y avait plusieurs types d'arbalètes (à crochet, à pied de biche, etc.) et certaines pouvaient lancer leurs carreaux à cent mètres. Le carreau était ainsi nommé parce qu'il présentait une section carrée à la différence du fer de la flèche triangulaire. On sait que Richard Cœur de Lion fut tué en 1199 d'un carreau d'arbalète. D'après la précision donnée plus haut, il semblerait que Roland ait parcouru une centaine de mètres.

V. 2270   « Il s'évanouit car la mort se rapproche. »

Comment Roland meurt-il ? En héros coupable ou en martyr élu ? Pierre Le Gentil se prononce pour la seconde interprétation et me paraît emporter la conviction : « Roland mourra d'avoir brisé ses tempes en soufflant dans son cor. Pourquoi faut-il qu'il périsse de cette façon ? Par le seul effort qu'il a fait pour atténuer ou réparer le désastre dont Olivier l'accuse d'être le grand responsable ?... On a dit que Roland avait ainsi été privé de la mort d'un guerrier et que c'était une manière de sanction. J'ai toujours penché pour une autre explication. Ce qui transforme et transfigure Roland, c'est sa douleur et, de cette douleur, lui-même dit qu'à elle seule, elle devrait être capable de le tuer. C'est bien ce qui arrive et c'est une faveur et non une sanction... Ce martyre auquel il désire participer,... l'ennemi aurait pu le lui faire subir. Mais il est bien mieux que par une grâce exceptionnelle il échappe aux coups d'un adversaire qui ne mérite pas de mettre à mort un héros tel que lui » (P. Le Gentil : « À propos de la démesure de Roland », *Cahiers de civilisation médiévale*, avril-juin 1968, p. 206-207). Roland qu'un mortel péché d'orgueil avait éloigné de Dieu obtient pourtant son salut non seulement par une agonie douloureuse et purificatrice, mais encore par son humilité en partie retrouvée (v. 2358, 2369-2372) qui l'abaisse en l'élevant.

170

V. 2292 « Cochon de païen. »

Je n'éprouve aucun scrupule à placer cette apostrophe triviale dans la bouche de Roland. Le terme « culvert » qui revient huit fois dans la *Chanson* est toujours péjoratif et cela tient à plusieurs raisons. Tout d'abord ce mot était victime d'une fausse étymologie (*culum vertere*, celui qui tourne le cul). Ensuite les coliberts (co-affranchis) étaient en fait extrêmement voisins des serfs et leur libération collective les laissait tout de même dans une étroite dépendance vis-à-vis de leurs maîtres puisqu'ils n'avaient pas assez de terre pour vivre. Cette misérable condition sociale les situait encore bien au-dessous des vilains, eux-mêmes fort maltraités. Le terme de « culvert » entrait donc fréquemment dans les expressions exprimant un profond mépris ou dans les épithètes injurieuses. De plus la fureur de Roland voyant un païen convoiter sa « sainte » Durendal ne pouvait que renforcer la violence de l'insulte.

V. 2316   « Comme tu es belle, brillante et éclatante ! »

Il semble que l'on ne doive pas traduire « blanche » par blanche mais par éclatante en raison du vers suivant : « Comme tu reluis et renvoies les rayons du soleil ! » Le soleil fait ressortir l'éclat de l'épée et non sa blancheur.

V. 2322-2328

> « Jo l'en cunquis...
> E Burguigne e trestute Puillanie. »
> « Je lui ai conquis...
> la Bourgogne et toute la Pologne. »

Cette « Puillanie » que nous traduisons par Pologne, pourrait bien être les Pouilles. Pourquoi en effet opter pour la lointaine Pologne alors que les Pouilles sont proches et paraissent l'équivalent du médiéval « Puillanie » ? Parce qu'il ne faut pas céder au premier mouvement et qu'il y a là une difficulté certaine. Joseph Bédier l'a bien vu, lui qui a pris le parti des points de suspension dans sa traduction (p. 195) et du silence total sur « Puillanie » dans son commentaire des noms de lieux du vers 2322 au vers 2331 (*La Chanson de Roland, Commentaires*, Piazza, 1927, p. 170-171). En revanche Lucien Foulet dans l'index des noms propres de l'édition Bédier signale : « Puillanie, vers 2328, peut-être la Pouille » (p. 518). Après lui Gérard Moignet traduit « Puillanie » par « Pologne » et souligne en note sans autre précision : « La Pologne et non la Pouille, comme le propose L. Foulet » (*La Chanson de Roland*, texte, traduction, notes et commentaires par G. Moignet, Bordas, 3e éd., 1972, p. 174). De son côté Gérard J. Brault, éminent spécialiste du *Roland*, traduit également « Pologne » (« Poland », dans *The Song of Roland, an analytical edition*, t. II, Oxford text and English translation, The Pennsylvania State University Press, University Park et Londres, 1978, p. 143). À mon tour je choisirai « Pologne » en m'en expliquant. Tout d'abord on peut prendre un appui prudent et limité sur le manuscrit de Paris, qui au même vers présente la variante « Poulaigne », c'est-à-dire Pologne. Graphie tardive, il est vrai, mais non sans intérêt cependant, car elle offre une interprétation médiévale. Mais surtout il faut souligner que, lorsque l'auteur du manuscrit d'Oxford (base des éditions modernes depuis celle de Bédier) veut parler des Pouilles d'Italie, il n'écrit pas « Puillanie » mais « Puille » : (Charles) « Ki cunquist Puille e trestute Calabre » (v. 371). Enfin l'on doit remarquer que du vers 2322 au vers 2328 Roland énumère trois groupes de régions assez bien délimitées : l'Ouest (Anjou... Normandie), le Midi (Provence... Romagne), le Nord-Est (Bavière... Pologne). Si « Puillanie » devait signifier Pouille et non Pologne, l'ordre manifestement voulu serait brisé.

V. 2332 « L'Angleterre qu'il considérait comme son bien le plus précieux. »

Je dois à un entretien avec Georges Duby la signification de « cambre ». Elle convient parfaitement à notre texte : « La chambre est une pièce retirée du palais ou du château dans laquelle le roi ou le seigneur conservent ce qu'ils ont de plus précieux de leur fortune mobilière : vêtements, tissus, bijoux, argent, etc. Le terme appliqué à l'Angleterre se justifie d'autant plus qu'au XIᵉ siècle ce pays connaissait une période de grande prospérité économique. »

Un détail sur le développement économique de l'Angleterre du XIᵉ siècle s'ajoutera à cette explication : « Les ressources énergétiques se développent d'une façon très nette. Les roues hydrauliques se multiplient. Le *Domesday Book*, véritable inventaire des ressources de l'Angleterre dressé en 1085 sur l'ordre de Guillaume le Conquérant, en recense 5 624 éparpillées sur 3 000 localités au sud du Trent et du Severn » (José Federico Finó : *op. cit.*, p. 114).

173

V. 2346 « Une dent de saint Pierre. »

La présence d'une pareille relique semble à première vue relever de l'imagination et de la fantaisie. Une minutieuse

212

étude due à Nicole Herrmann-Mascard amène à croire que Roland, puissant comte de la marche de Bretagne, pouvait être détenteur de reliques de ce genre. Mais s'agit-il effectivement d'une dent de saint Pierre ? C'est pour le moins douteux. En tout cas on a la certitude que des os les plus divers et des dents ayant appartenu à des martyrs, saints, Pères ou personnages pieux et connus, faisaient au Moyen Âge l'objet de dons, de commerce ou de trafic. « Le pape Jean III (561-574) dépose, dans l'autel qu'il dédie en l'église des Saints-Apôtres... de menus ossements, parmi lesquels un morceau de dent, qui furent découverts lors de l'ouverture de l'autel en 1873. Une commission scientifique réunie à cette époque les identifia comme les restes de saint Jacques. » Plus tard, en 812, « les moines du monastère d'Elnone se contentent lors de l'élévation de saint Amand (mort vers 679-684) de lui couper les cheveux et les ongles et de lui arracher deux dents avec des tenailles » (Nicole Herrmann-Mascard : *Les Reliques des saints, Formation coutumière d'un droit*, Klincksieck, 1975, p. 40, 62).

V. 2346 « Du sang de saint Basile. »

On peut légitimement se demander comment du sang d'un théologien oriental du IVe siècle aurait pu être recueilli et conservé ! Mais c'était effectivement possible grâce à des linges ou des éponges qu'on imprégnait du sang des martyrs aussitôt après leur mort. Ces linges étaient en général placés dans le tombeau. Ce fut le cas pour sainte Cécile et saint Cyprien. Si ces linges étaient ensuite retrouvés, découpés en morceaux et distribués, leur possesseur pouvait alors se flatter de posséder du sang d'un saint. Cette dispersion des ossements des saints ou martyrs et des objets de leur tombeau a commencé dès le IVe siècle. Saint Basile lui-même devait mettre en honneur cette pratique avant d'en être bénéficiaire (cf. Nicole Herrmann-Mascard : *op. cit.*, p. 24-25 et 29).

V. 2347 « Des cheveux de monseigneur saint Denis. »

Un évêque du nom de Denis serait venu apporter au IIIe siècle la doctrine chrétienne à *Lutetia Parisiorum* et aurait fondé une église dans la ville qui devait devenir Paris. Il aurait été décapité sur ordre de Decius. Quoi qu'il en soit, il semble que l'on ait prélevé des reliques sur son corps si l'on en croit l'auteur du *Roland* et qu'on l'ait plus ou moins mutilé, cela dans de pieuses intentions. L'exemple était parfois donné par les papes eux-mêmes puisqu'on sait que Grégoire le Grand a envoyé des cheveux de saint Jean Baptiste au roi des Wisigoths, Récarède.

V. 2348 « Un morceau du vêtement de sainte Marie. »

La mariologie médiévale s'accompagne évidemment de la vénération des restes de ce qui passait pour avoir appartenu à la Vierge comme on peut le voir dans les miracles de Gautier de Coinci. Mais le culte de ces reliques vestimentaires remonte beaucoup plus haut puisqu'on garde, dit-on, à Saragosse la tunique de saint Vincent depuis le début du IVe siècle, c'est-à-dire depuis sa mort. Quel crédit accorder à ces vestiges ? La réponse est donnée par une note de Nicole Herrmann-Mascard : « Nous ne tenons pas compte des innombrables reliques des vêtements de saint Jean Baptiste, de la Vierge, des apôtres qui firent leur apparition à une date indéterminée et dont l'authenticité est par trop aléatoire » (*op. cit.*, p. 42). Quoi qu'il en soit, on doit d'autant moins s'étonner de la mention de ces diverses reliques que Charlemagne avait donné l'exemple en faisant venir d'Afrique du Nord le corps d'un martyr ainsi que des reliques de saint Cyprien. Il n'est pas surprenant non plus qu'un seigneur puissant comme l'est Roland, neveu de l'empereur, en possède d'aussi prestigieuses puisque les présents de reliques sont essentiellement destinés à de grands personnages et que l'importance de la relique est proportionnée à celle du destinataire.

V. 2352 « J'aurai, grâce à vous, conquis de vastes territoires. »

Ce futur antérieur paraît anormal et illogique au premier abord. On attendait un passé composé puisqu'il s'agit d'actions accomplies. Mais à la réflexion le futur antérieur se justifie et Philippe Ménard l'explique très bien : « Bien que l'action soit déjà accomplie dans le présent, on imagine, par un phénomène de perspective, que son accomplissement en sera seulement perçu dans l'avenir. C'est là un tour expressif » (Ph. Ménard : *Syntaxe de l'ancien français*, Bordeaux, Sobodi, nouvelle édition, 1973, p. 145)

174

V. 2365   « Pour faire pardonner ses péchés il tend son gant vers Dieu. »

Par ce geste Roland qui vient de dire son *mea culpa* entend provoquer la pitié et le pardon de Dieu. C'est une attitude de *captatio benevolentiae* transposée sur le plan chrétien, une attitude propitiatoire. Elle est faite d'une humilité concrétisée par la remise à Dieu du gant, insigne de son pouvoir de seigneur. W. Mary Hackett commente ainsi ce passage : « À l'époque féodale il était si naturel, pour un chrétien conscient de ses fautes, de se considérer vis-à-vis de Dieu comme un vassal qui aurait offensé son seigneur que Roland a recours *in extremis* à ce geste symbolique pour demander pardon au Seigneur et assurer ainsi le salut de son âme. Saint Gabriel en lui prenant le gant lui signifie qu'il a été pardonné » (W. M. Hackett : « Le Gant de Roland », *Romania*, c. 89, 1968, 2, p. 255).

175

V. 2366   « Roland sent qu'il n'a plus longtemps à vivre. »

Ce vers annonce la fin prochaine du comte. Ce passage a donné lieu à de multiples interprétations. L'une des plus fines et des plus pénétrantes est celle de Pierre Le Gentil : « Qu'il ait d'emblée mérité cette mort qu'on pourrait qualifier d'apothéose ou qu'il ait dû s'amender au dernier moment pour y avoir droit, il est certain avant d'expirer de n'être abandonné ni par Charlemagne qui annonce son retour, ni par Dieu qui manifeste sa bienveillance. Il se voit vainqueur contre toute espérance ; il a le temps de se composer une noble attitude ;

il se sait appelé au Paradis où va le conduire un lumineux
cortège d'anges et de chérubins. N'y a-t-il pas là de quoi
adoucir et parer le martyre auquel il se doit d'aspirer pour
l'avoir rendu inévitable et déjà imposé aux siens ? » (P. Le
Gentil : « Réflexions sur le thème de la mort dans les chansons de geste », *Mélanges Rita Lejeune*, Gembloux, Duculot,
1969, t. II, p. 801-802).

V. 2369   « Mon Dieu, au nom de ta bonté divine, pardon. »

Nous avons là, avec la seconde prière qui va suivre, la
confession globale des péchés de Roland en même temps que
la fin chrétienne du héros. Jean-Charles Payen lui consacre
des remarques aussi intéressantes que généreuses : Roland se
« reconnaît pécheur et cette humilité de sa part est exem-
plairement émouvante, voire édifiante. Mais jamais il ne s'y
proclame "grand" pécheur et la nuance est extrêmement importante... La prière de Roland est donc une forme de cet
acte de contrition dont l'Église a toujours dit qu'elle pouvait
sauver un pécheur. Roland ne peut même plus se confesser à
un laïc puisqu'il reste seul. C'est donc à Dieu lui-même qu'il
s'adresse dans une confession de juste qui n'a donc pas à
s'accuser de péchés particulièrement saillants » (J.-Ch. Payen
op. cit., p. 114-115).

Il y aurait sans doute beaucoup à dire sur la notion de
« péché saillant » notamment au sujet de Roland. Mais sans
aller aussi loin ne pourrait-on pas estimer que parallèlement
au côté « édifiant » il y a quelque chose d'un peu théâtral dans
la présentation de la mort de Roland ? Ne cultive-t-il pas la
noblesse de l'attitude avec le geste solennel et féodal du gant
tendu à Dieu ?

176

V. 2390   « Saint Gabriel le prend de sa main. »

Si saint Michel est le défenseur reconnu des âmes on peut,
à première vue, juger superflue la présence de saint Gabriel à
ses côtés. Pour la comprendre, il faut se référer à une tradi-

tion consacrée dans plusieurs religions. Dans le Coran, Michel et Gabriel soutiennent le trône cosmique aux côtés de deux autres anges Séraphiel et Azraël. Dans l'Ancien Testament comme dans le Nouveau (cf. Daniel VIII, 16 ; IX, 21-23 ; Luc I, 19-26), Gabriel remplit sensiblement les mêmes fonctions que saint Michel en faisant connaître les plans divins. Dans le livre d'Hénoch (IX et X), Michel et Gabriel figurent ensemble dans la milice céleste. Le concile de Laodicée, qui s'est réuni au IVᵉ siècle, recommandait à une égale vénération des fidèles saint Michel et saint Gabriel auxquels il ajoutait Raphaël. L'iconographie et la sculpture ne les séparent pas non plus : on trouve en général Gabriel à la gauche du Christ et Michel à sa droite. Dans la danse joyeuse de *La Court de Paradis*, saint Gabriel et saint Michel participent tous deux allégrement à la réjouissance en se tenant par la main :

> *Sainz Michieus avec lui estoit*
> *L'uns l'autre par la main tenoit* (v. 83-84).

La *Chanson* n'avait aucune raison de dissocier ce couple d'anges. Saint Michel continue donc à faire équipe avec saint Gabriel. La présence de ce dernier est d'ailleurs d'autant plus naturelle qu'il représente la force de Dieu (Hénoch, IX, 1 ; X, 9) et que cette force n'était pas superflue quand il s'agissait d'arracher l'âme de Roland aux dangers que lui faisait courir son immense orgueil, l'un des sept péchés capitaux.

V. 2393 « Dieu lui envoie son ange Chérubin. »

Ce nom qui apparaît ici comme un nom propre n'en est en fait pas un : il désigne toute une catégorie d'anges ou plutôt un chœur d'anges. Les Chérubins sont, avec les Séraphins et les Trônes, au sommet de la hiérarchie. Les premiers nommés se trouvent les plus proches de Dieu et reçoivent sa lumière, son illumination et sa pensée. Le Chérubin apparaît comme l'ange par excellence. Il était naturel que Roland au terme de sa vie reçoive d'abord la visite d'un ange qui appartenait à une des catégories les plus connues aussi bien par les textes sacrés que par l'iconographie. Un chérubin (devenu Chérubin) est donc bien à sa place pour venir recueillir l'âme de Roland déjà situé sur une hauteur et l'aider à gagner le ciel.

V. 2394   « Et saint Michel du Péril. »

L'expression saint Michel du Péril a été expliquée à la note du vers 152. Mais il convient de dire pourquoi c'est saint Michel qui assiste Roland à ses derniers instants plutôt qu'un des multiples saints dont le Moyen Âge prodiguait libéralement les secours.

On sait que, dans l'offertoire de la messe des morts, c'est à saint Michel qu'on s'adresse pour amener l'âme jusqu'à la « sainte lumière ». On se tourne vers lui parce qu'il est le vainqueur reconnu et célèbre du dragon. Son rôle est d'arracher aussi souvent que possible une âme chrétienne aux démons qui la convoitent. Au début des temps il a réussi à introduire au ciel celle d'Adam. Il s'est chargé de la même façon de l'âme d'Abraham et il a donné la même direction à Hénoch après l'avoir purifié. L'art monumental, dont le chapiteau de Vézelay (XIIᵉ siècle), témoigne de la vocation de saint Michel. Il y est représenté « disputant l'âme au Malin, enfin comme psychopompe introduisant l'âme dans la béatitude... Michel lutte à la mort d'un homme afin d'arracher son âme au diable. Le pèlerinage final de l'âme est semé d'embûches. Or, le seul défenseur dans les airs est Michel... Prise en charge par Michel et ses anges, l'âme n'avait plus à craindre et était assurée du Paradis (Aurélia Stapert : *L'Ange roman dans la pensée et dans l'art*, Paris, Berg, 1975, p. 380-381). C'est exactement la situation qu'on retrouve à la mort de Roland avec la double présence de Chérubin et de saint Michel, guide traditionnel et officiel des âmes vers le Paradis.

178

V. 2421   « Leurs seigneurs liges. »

Il faut entendre par là les premiers de leurs seigneurs, ceux qui bénéficient « d'un hommage supérieur rendu par le vassal à un personnage choisi dans la galerie de ses maîtres... Le terme apparaît dans un texte vendômois de 1046 » (Robert Boutruche : *Seigneurie et féodalité au Moyen Âge*, t. 2 : *L'Apogée*, Aubier-Montaigne, 1970, p. 164-165).

V. 2431 « Car ils m'ont enlevé la fleur de la douce France. »

L'auteur désigne manifestement l'élite de la jeunesse car la métaphore employée dans l'Antiquité est très souvent reprise au Moyen Âge en latin ou en ancien français. On la retrouve dans quantité de textes dont le *Carmen* d'Adalbéron, évêque de Laon (XIe siècle). Georges Duby donne de l'expression *flos juventutis* un commentaire remarquable qui convient parfaitement à la pensée de Charlemagne dans *La Chanson de Roland* : « Lorsqu'il est parlé dans le poème de la "fleur de la jeunesse", entendons bien que se trouve évoqué tout ce qui se déploie dans le monde visible d'impétuosité, ces pulsions de violence surgissant du sang, du corps, de ces humeurs vigoureuses, plus généreuses en certaines lignées, conférant à celles-ci la "noblesse", c'est-à-dire la beauté, le courage, cette vaillance qui se révèle à plein dans l'ardeur des combats » (G. Duby : *op. cit.*, p. 63).

182

V. 2489 « Les Français descendent de cheval dans le pays désert. »

À propos de ce vers, André Burger remarque : « Les bords de l'Èbre ne sont pas déserts ; les Français, harassés, y dorment dans un pré couvert d'herbe fraîche, où paissent leurs chevaux. En revanche le manuscrit de Venise (V⁴) donne une indication aussi juste que précise : "François descendent entre Seybre e Valterne" c'est-à-dire entre l'Èbre et Valtierra » (A. Burger : *op. cit.*, p. 105). Il n'est pas nécessaire de corriger le manuscrit d'Oxford si l'on comprend désert au sens de laissé libre, abandonné par les païens.

V. 2525-2554 « Charles dort comme un homme que l'angoisse tenaille. »

Le troisième rêve annonce, plus encore que le duel des deux grands souverains (Baligant et Charlemagne), le choc effrayant de leurs deux immenses armées. Ce bouleversement cosmique se prolonge en une bataille extrêmement violente, corsée par la présence d'ours, de léopards, de serpents, de dragons et de démons. Ce bestiaire déchaîné nous vient à la fois de l'Antiquité et de la Bible, comme l'ont souligné Ernst-Robert Curtius et surtout Herman Braet (*op. cit.*, p. 148, 151).

V. 2555-2569 « Après cette vision, il lui en vient une autre. »

C'est le quatrième et dernier rêve de Charlemagne. Il annonce en termes symboliques le jugement de Ganelon. Les trente ours sont évidemment les trente parents du lignage du traître. Ils viennent réclamer qu'on libère l'ours enchaîné, c'est-à-dire Ganelon. L'ours le plus grand c'est Pinabel dont on sait qu'« il est grand, robuste » et qu'« un seul de ses coups met fin à une vie » (v. 3839-3840). Le lévrier qui court attaquer le gros ours c'est Thierry « homme maigre, frêle et élancé » (v. 3820). On trouvera la même interprétation dans Herman Braet (*op. cit.*) .

V. 2704 « Mais voici les deux messagers qui s'aident de la borne pour mettre pied à terre. »

Il s'agit d'une borne en pierre ou en marbre que l'on rencontre très fréquemment dans les textes du Moyen Âge. Elle est souvent près d'un château, d'un palais ou d'une « maison forte ». Claude Régnier la définit parfaitement : « grosse pierre carrée dont les cavaliers se servaient pour monter à cheval ou descendre de cheval plus facilement » (Cl. Régnier : *La Prise d'Orange*, Klincksieck, 4ᵉ éd., 1972, glossaire p. 152). On en voit encore mieux la fonction à la fin de *Lanval* où Marie de France montre le héros partant de la cour du roi Marc : « On avait placé là une borne de marbre gris où prenaient appui pour monter à cheval les hommes alourdis par leur armure quand ils quittaient la cour du roi » (*Les Lais* de Marie de France traduits par Pierre Jonin, Champion, 1972, p. 77).

204

V. 2868 « D'un peu plus loin qu'on peut lancer un petit bâton. »

Ce « bastuncel » (petit bâton) aide à comprendre « verge pelee » (baguette écorcée) du vers 3323 et en appelle la traduction. Il y a un certain parallélisme dans l'action et dans la présentation des deux exercices.

205

V. 2875 « Il reconnaît les coups de Roland sur trois blocs de pierre. »

Je ne traduis pas « perrun » par « perron » parce qu'à deux reprises (vers 2300 et 2338) l'auteur, évoquant les coups de Roland, parle de « perre byse » (ou « bise ») et parce que « perrun » est employé très souvent dans un autre sens, celui de borne (cf. note du vers 2704).

209

V. 2932 « À cette vue, cent mille Français tombent à terre et perdent connaissance. »

« En » est traduit par « à cette vue » du fait de son sens extrêmement étendu en ancien français. D'une manière générale dans cette traduction, j'ai accordé à « en » et à « i » une place plus importante qu'on ne le fait d'ordinaire en tirant leur sens profond du contexte. Sur ces points notamment, voir l'excellente *Syntaxe de l'ancien français* de Philippe Ménard (*op. cit.*) dont tous les exemples sont traduits.

225

V. 3090 « Leurs beaux boucliers ornés de nombreux signes qui les font reconnaître. »

Ces signes distinctifs décoraient très souvent les boucliers des chevaliers. Ceux qui avaient un bouclier uni et sans décorations étaient en général soit des chevaliers peu fortunés, soit de jeunes chevaliers nouvellement armés qui, pendant un an, selon certaines coutumes, devaient porter un bouclier sans enjolivures. Mais on a de très nombreux exemples de boucliers ronds carolingiens (ou rondaches) abondamment décorés : cercles concentriques diversement colorés, roues à barreaux, cercle unique bordé de pointes, figures, fleurs, animaux ou dessins variés. Sur la tapisserie de Bayeux, on voit des messagers de Guillaume de Normandie porteurs d'un bouclier orné d'un dragon avec des ailes, des pattes antérieures, une queue assez semblable à celle d'un serpent. En revanche, les Saxons et leur chef Harold ont le plus souvent des boucliers décorés de « svastikas », sortes de croix à branches égales dont les extrémités sont retournées vers la droite. Le bouclier de Geoffroy Plantagenet (vers 1130) porte superposés des panthères et les quatre rayons d'une pierre lumineuse, l'escarboucle (cf. note de la laisse 104). Le comte du Maine, mort en 1109, avait un bouclier avec une croix blanche fleur-delisée. Enfin on peut voir en 1190, sur le bouclier de Richard Cœur de Lion, deux lions qui s'affrontent.

228

V. 3149-3151 « Il suspend à son cou son grand et large bouclier dont la boucle est en or et le bord orné de cristal. La courroie en beau satin, est décorée de rosaces. »

On comprend qu'une courroie ait été nécessaire pour aider à supporter le poids d'un bouclier « grand et large ». Effectivement, la tapisserie de Bayeux montre un bouclier dont on a pu calculer qu'il mesurait quatre pieds (1,30 m) de hauteur sur vingt pouces (0,56 m) de largeur. Le guerrier le portait suspendu soit autour du cou soit en bandoulière à l'aide d'une courroie réglable, la guige.

232-233

V. 3218-3251   « Ils ont des chevaliers en nombre stupéfiant. »

André Scobeltzine pense pouvoir situer ces vers exactement dans la perspective de l'art roman : « Cette expressivité épique qui témoigne d'un engagement dans une action et qui caractérise tout l'art roman, on la retrouve dans les chansons de geste. Les poètes ne cherchent pas à exprimer les caractères particuliers des héros qu'ils mettent en scène. Ils s'efforcent à travers leurs descriptions de les projeter dans le drame. Les indications que donne l'auteur du *Roland* sur les corps de bataille des païens... n'ont aucune valeur anecdotique, mais tendent uniquement à renforcer la tension du récit. L'expressionnisme roman n'est jamais une fin en soi, mais la manifestation de la participation de la figure à un mouvement, à une action qui la dépasse. En cela il est aux antipodes du réalisme individualiste des portraits du Bas-Empire romain ou de l'Europe de la Renaissance, dans lesquels les caractères les plus particuliers des personnages sont traités pour euxmêmes » (A. Scobeltzine, *L'Art féodal et son enjeu social*, Gallimard, 1973, p. 43).

242

V. 3368   « Dieu nous a fait participer au plus juste de ses jugements. »

Je comprends que « juïse » désigne « le jugement de Dieu » au sens juridique. La bataille des chrétiens contre les païens est donc considérée ici comme une forme étendue du « jugement de Dieu », c'est-à-dire de la procédure franque qui s'en remet à Dieu pour décider de la culpabilité d'un accusé en donnant la victoire à l'innocent. D'où ma traduction.

248

V. 3432 « Il frappe Naimes sur son casque princier [?]. »

La traduction par « princier » du conjectural « principal » s'inspire de l'idée de luxe et de richesse telle qu'elle ressort de la note de Claude Régnier pour le texte de *La Prise d'Orange*. Dans ce cas, « principal » qualifie la salle d'apparat du palais d'Orable (Cf. Régnier : *Les Rédactions en vers de la Prise d'Orange*, Klincksieck, 1966, p. 350).

258

V. 3563-3564 « Ils se souviennent de leur cri de guerre : l'émir lance "Précieuse" et Charles "Montjoie". »

Cette dernière phase de la bataille, avec les heurts violents des guerriers et les cris de ralliement des combattants des deux armées, peut être rapprochée de la seconde phase de la bataille d'Hastings dont nous connaissons le déroulement. « D'après Guillaume de Poitiers : "Les cris, tant des Normands que des Barbares, se noient dans le fracas des armes et les cris des mourants ; longtemps la bataille fait rage avec une extrême violence"… Dans *Le Roman de Rou*, Wace rapporte le cri de guerre des deux camps : pour les Normands : "Diex aie", "que Dieu aide ! " Pour les Anglais : "Ut, Ut" c'est-à-dire "dehors ! ". À écouter ces derniers, on devait avoir l'impression de se trouver en présence d'une meute de milliers de chiens en train d'aboyer » (Mogens Rud : *La Tapisserie de Bayeux*, Bayeux, Heimdal, 1976, p. 83).

V. 3668-3670 « Les païens sont conduits au baptistère. Mais s'il y en a qui résistent à Charles, il les fait pendre, brûler ou passer par les armes. »

C'est l'invitation rituelle au baptême ou à la mort. La scène se retrouve avec des variantes dans quantité de chansons de geste, anciennes ou non. La menace du baptême est placée soit dans la bouche d'un roi ou d'un grand, soit dans celle d'un prince de l'Église. Chaque fois, les Sarrasins vaincus ont à faire un choix très rapide, même lorsque c'est un évêque qui prêche, si l'on peut dire, la conversion. Après la conquête de Barbastre par les Français, l'évêque Richier s'adresse ainsi aux habitants de la ville : « Ou vous croirez en Dieu, ou nous vous tuerons » (*Beuve de Commarchis*, v. 1387). L'archevêque Turpin, plus patient, n'a recours à son épée qu'après une phrase de sermon au vieux roi Emandras : « Ami, crois donc en Dieu, le père et rédempteur, tu auras de nouveau ta terre et tu n'y perdras rien. » Mais immédiatement après : « Il lève sa bonne épée d'acier et lui donne un coup si grand au milieu de la tête qu'il le pourfend jusqu'à la poitrine » (*Gui de Bourgogne*, v. 3658-3660). Fort de ces exemples, je m'associe entièrement à l'opinion de Bernard Guidot : « Le refus de conversion est immédiatement sanctionné avec une dureté et une rigueur méthodique sans pitié. C'est l'œuvre d'une religion guerrière et conquérante... L'état d'esprit religieux du chevalier est donc avant tout caractérisé par la volonté de voir triompher coûte que coûte l'Église comme institution » (B. Guidot : « Charlemagne et l'épopée romane », *Actes du VIIe congrès international de la société Rencesvals*, Liège, 1978, p. 634).

V. 3674 « Le roi veut que sa conversion soit l'œuvre de l'amour divin. »

Nous avons vu avec Bernard Guidot dans quelles conditions étaient baptisés les captifs après leur défaite ou la prise de leur ville. On faisait parfois, du moins dans certaines chansons de geste, un sort différent aux captives qui se convertissaient d'elles-mêmes (surtout quand elles sont éprises d'un chevalier français) ou bien qui, du fait de leur rang social, bénéficient de ménagements. C'est précisément le cas de Bramimonde qui « a droit à des égards particuliers et semble même être traitée en hôte dans le palais de Charlemagne (v. 3978). Elle a été placée dans un milieu soigneusement choisi : l'exemple et la parole, tout est préparé pour l'inciter à devenir chrétienne. Il s'agit de sa part d'une décision prise après mûre réflexion. L'atmosphère dans laquelle a lieu la cérémonie après le châtiment de Ganelon est grave et solennelle » (Michelle Augier, *Mosaic*, VIII/4, 1975, p. 101).

267

V. 3694 « À Dieu et à ses titres. »

Quand il s'agit d'un grand de ce monde ou de l'autre, il arrive souvent que « nun, nom, non » prenne le sens de titre comme on le voit dans *Tristan* de Béroul (entre 1165 et 1200) :

> *Je suis roïne mais le nom*
> *En ai perdu par la poison* (v. 2205-2206)

« Je suis reine mais j'en ai perdu le titre par la faute du breuvage. » Dans la *Chanson* il s'agit des titres traditionnellement attribués au Christ conformément aux textes sacrés. Parmi ceux auxquels devait songer l'auteur du *Roland*, on peut retenir les plus fréquents : Berger (Psaumes LXXX, 1 ; Ézéchiel XXXIV, 11 ; Jean X, 14), Chemin ou voie (Jean XIV, 6 ; Isaïe XXXV, 8), Bras de Dieu (Exode XV, 16 ; Deutéronome XXXIII, 27 ; Job XL, 9 ; Luc I, 51), Roi ou Roi des Rois (Première épître à Timothée VI, 16 ; Apocalypse XVII, 14), Prince de ce monde (Jean XII, 31 ; XIV, 30 ; XVI, 11). Il n'est pas exclu de penser qu'il y ait dans ce vers une allusion à la litanie des soixante-douze ou cent noms récités par le croyant « au moment du danger » comme le signale René Louis cité par Jean Frappier et Gérard Moignet.

V. 3778 « Vengeance de ma part, oui ! trahison, non ! »

Trahison ou vengeance de Ganelon ? La mort de Roland et de ses vingt mille compagnons est sans conteste due à sa désignation par Ganelon pour l'arrière-garde. La réputation de traîtrise de Ganelon, solidement établie dès la *Chanson*, a continué à se renforcer à travers les siècles. Pourtant ce « traître » se défend avec véhémence et repousse catégoriquement l'accusation de trahison. En fait, ses arguments sur le plan strictement juridique et médiéval ne manquent pas de force. Tout d'abord il reconnaît sans hésiter qu'il s'est vengé de Roland, mais rien ne le lui interdisait et il en avait même le droit. Effectivement le droit de vengeance est hérité du « Wergeld » germanique et de la loi des Wisigoths. À l'origine « le mari peut tuer la femme adultère et son complice, le père peut se venger comme il veut en cas d'enlèvement d'enfant... » (Jacques Ellul : *Histoire des institutions*, 6e éd., P.U.F., 1969, p. 37). Or ce droit de vengeance « a longtemps persisté dans la noblesse » (Robert Boutruche : *op. cit.*, p. 135) et Ganelon l'applique puisqu'il se juge gravement offensé par Roland (v. 3758). Ensuite Ganelon n'a pas manqué à la coutume qui veut que l'offensé provoque d'abord son adversaire : « J'ai alors défié l'intrépide Roland » (v. 3775). Rappelons-nous qu'au moment où Olivier, ayant perdu conscience, frappe Roland, celui-ci s'étonne de cette attaque contre les règles : « Vous ne m'avez lancé aucun défi » (v. 2002). Enfin ce défi lancé par Ganelon à Roland a été public : « Charles et ses nobles seigneurs l'ont entendu » (v. 3777). Ganelon, traître en fait, l'est-il vraiment en droit ?

V. 3797 « Ils font preuve de beaucoup de mesure à cause de Pinabel. »

Ce vers est difficile à interpréter. La traduction littérale . « ils se tiennent plus tranquilles » (celle de Gérard Moignet), prudente et juste, laisse beaucoup à penser. Celle de Joseph Bédier : « ils baissent le ton à cause de Pinabel », donne, semble-t-il, à entendre que des discussions violentes opposent les guerriers et que « ceux d'Auvergne » parlent d'un ton modéré. Je pense qu'il convient de faire de « plus quei » un prolongement de « curteis » (courtois). D'où l'idée de retenue, de mesure, qui est au centre de la courtoisie, même sous sa première forme, l'idéal chevaleresque.

V. 3805-3806 « Tous sont d'accord et approuvent ces paroles à l'exception d'un seul : Thierry, le frère de monseigneur Geoffroy. »

Thierry n'entre dans l'action du poème que dans les deux cents derniers vers de la *Chanson* mais il y prend une place capitale. C'est de lui que dépendent à la fois la défense et la gloire de Roland et celle du prestige de Charlemagne. Il devient avec Pinabel le protagoniste essentiel du drame qui s'achève. Aussi n'est-il pas étonnant que le personnage ait retenu l'attention comme en témoigne l'analyse très judicieuse de William W. Kibler. « Il serait certes excessif de prétendre que Thierry soit un second Roland. Mais il paraît tout à fait évident que le poète entendait nous permettre de trouver un rapport étroit entre l'un et l'autre. Tous deux se retrouvent seuls contre l'opinion de la majorité et tous deux s'avèrent en définitive avoir raison. Tous deux font entendre leur voix avec éloquence pour défendre la justice. Roland combat avec bravoure contre des forces largement supérieures représentées par les troupes de Marsile cependant que Thierry, représenté comme "maigre, frêle" (v. 3820), défie hardiment un Pinabel beaucoup plus puissant. Ma conviction est que le rôle de Thierry dans la scène du jugement "est un double", si l'on peut dire, de celui de Roland » (William W. Kibler : *Voices of conscience*, Philadelphie, 1977, p. 54-55).

276

V. 3812 « Même s'il meurt on ne reverra [... ?] »

Ce vers inintelligible doit reprendre dans l'ensemble l'idée des vers 3802-3803.

V. 3847 « Trente parents se portent garants de sa loyauté. »

Il s'agit évidemment des otages. Cette scène de présentation apparaît dans quantité de chansons de geste lorsqu'il y a affrontement de champions en duel judiciaire. C'est le cas dans *Gaydon* (XIIIe siècle) où l'on retrouve la même situation à la fois sur le plan du lignage et sur celui du sort des otages : « Dès que les gages sont remis, des otages se présentent avec audace. Pour Thibaut quatorze comtes qui se portent garants sur leurs biens, puis sur leurs membres, pour Gui, quatorze comtes... La solidarité du lignage joue toujours parfaitement : les otages osent même dans le premier cas proposer eux-mêmes leur châtiment en cas de défaite de Thibaut ; leur rôle est double : ils sont une garantie que le combattant se présentera bien pour le duel, mais ils sont aussi une caution morale du bon droit de celui qu'ils garantissent. C'est pourquoi leur châtiment sera juste s'ils ont choisi le mauvais camp » (Jean Subrenat : *Étude sur Gaydon*, Université de Provence, 1974, p. 375).

V. 3867 « [Ils] suspendent à leur cou leur bouclier à quartiers. »

Le bouclier à quartiers ou écu de quartiers était partagé par une ligne verticale et une ligne horizontale qui se coupaient à angle droit et le divisaient en quatre parties égales. Il était « écartelé en sautoir » quand les lignes se croisaient obliquement (Jean Dufournet : *op. cit.*, p. 124). De la même manière, une housse de quartier désignait une couverture de cheval divisée en parties égales.

V. 4002   « Ici prend fin l'histoire que Turold raconte. »

Qui est Turold et de quelle région est-il originaire ?
Conteur, auteur, copiste ? Que d'opinions doctement soute-
nues pour faire prévaloir l'une de ces hypothèses alors que
Turold ne le révélera jamais ! Parmi les propositions les plus
séduisantes, on relèvera celle de Jean Dufournet : « Ici s'in-
terrompt l'histoire que Turold développe (ou rapporte dans
un poème) » (*op. cit.*, p. 17).

Et d'où est-il ? Peut-être de Normandie puisqu'il porte,
selon André Burger (*op. cit.*, p. 58), un nom typiquement
normand et que son texte mentionne la fameuse abbaye de
Saint-Michel du Péril, objet de célèbres et redoutables pèlerinages. Mais le vieux Richard de Normandie ne joue qu'un
rôle très épisodique et il est bien vrai, selon l'expression
d'André Burger, que Turold « s'est dégagé de tout régiona-
lisme ». J'ajouterai à l'appui de cette idée que la Normandie
ne tient pas spécialement à cœur à l'auteur du *Roland*, qu'il ne
fait pas à la compagnie formée par les Normands (v. 3044-
3051) un sort exceptionnel. Ils sont vingt mille comme les
Allemands (v. 3036-3044) et bénéficient sensiblement des
mêmes éloges que les vassaux de Bavière (v. 3028-3034) et
les Flamands (v. 3070-3072).

NOTE FINALE

En écrivant son derniers vers, Turold ne prévoyait pas que
son « histoire » n'aurait pas de « fin ». La preuve en est apportée dans le dernier quart du XXᵉ siècle par Gilles Lapouge,
qui a parcouru longuement l'Amérique latine et notamment
le Brésil : « Dans une autre région du Nordeste, dans un vil-
lage très isolé du Rio Grande do Norte, près de Juazeiro, qui
est un repaire de millénaristes et de messies, un paysan assez
âgé, quand il a su que je venais de France, m'a demandé des
nouvelles de Roland. Cela ne m'étonne pas : tout le Nordeste
possède une littérature populaire — la *literatura do cordel* —

qui puise une partie de ses thèmes dans l'histoire de l'Europe. Chaque soir, les paysans du Nordeste chantent des complaintes : l'histoire des douze preux de Charlemagne, du traître Ganelon..., d'Amadis de Gaule. Le paysan se montrait soucieux. La dispute entre Roland et Olivier ne lui disait rien de bon. Il n'aurait pas misé cher sur le bonheur de la belle Aude » (Gilles Lapouge, *Équinoxiales*, Flammarion, 1977, p. 168).

BIBLIOGRAPHIE

Principales éditions

BÉDIER Joseph, *La Chanson de Roland*, Piazza, 1922 (éd. définitive : 1937).

MOIGNET Gérard, *La Chanson de Roland*, Bordas, 1969.

SEGRE Cesare, *La Chanson de Roland*, Milan-Naples, Ricciardi, 1971 ; trad. de l'italien par Madeleine Tyssens, Genève, Droz, tome 1, 1989 (éd. augmentée, 2003) ; tome 2, 1989.

SHORT Ian, *La Chanson de Roland*, Le Livre de poche, 1990 (Lettres gothiques).

DUFOURNET Jean, *La Chanson de Roland*, Flammarion, 1993 (GF).

Études

LE GENTIL Pierre, *La Chanson de Roland*, Hatier, 1955.

RYCHNER Jean, *La Chanson de geste. Essai sur l'art épique des jongleurs*, Genève, Droz, 1955.

MENÉNDEZ PIDAL, Ramón, *La « Chanson de Roland » et la tradition épique des Francs*, 2ᵉ éd. (en collaboration avec René Louis et trad. de l'espagnol par I.-M. Cluzel), Picard, 1960.

BURGER André, *Turold, poète de la fidélité. Essai d'explication de la « Chanson de Roland »*, Genève, Droz, 1977.

MAURICE Jean, *La Chanson de Roland*, P.U.F., 1992.

Composition Nord Compo
Impression Bussière
à Saint-Amand, Cher, le 3 mai 2005
Dépôt légal : mai 2005
Numéro d'imprimeur : 051853/1

ISBN 2-07-030844-8./Imprimé en France.